工业和信息化高职高专“十三五”规划教材立项项目
高等职业教育财经类“十三五”规划教材

EXERCISES AND PRACTICAL TRAINING OF TAX PRACTICE

纳税实务习题与实训

张瑞珍 主编
刘玲 方瑶 王萍 副主编

人民邮电出版社
北京

图书在版编目（CIP）数据

纳税实务习题与实训 / 张瑞珍主编. -- 北京 : 人民邮电出版社, 2018.8
高等职业教育财经类“十三五”规划教材
ISBN 978-7-115-48647-9

Ⅰ. ①纳… Ⅱ. ①张… Ⅲ. ①纳税－税收管理－中国－高等职业教育－教学参考资料 Ⅳ. ①F812.423

中国版本图书馆CIP数据核字(2018)第120394号

内 容 提 要

本书是“十二五”职业教育国家规划教材《纳税实务（新税法修订版 第 3 版）》（书号：978-7-115-42918-6）的配套用书，以新的法律法规为依据编写而成。全书共 9 个项目，每个项目均包括与课堂教学同步的学习指导、典型例题分析和职业能力训练。其中，学习指导部分包括学习目标、重点、难点和主要知识。

本书可作为高职高专、成人高等学校和独立学院财经类专业学生的教学用书，也可作为各类企业会计人员的培训、自学教材，以及各类企业管理人员的参考读物。

◆ 主　　编　张瑞珍
副 主 编　刘　玲　方　瑶　王　萍
责任编辑　李育民
责任印制　焦志炜

◆ 人民邮电出版社出版发行　　北京市丰台区成寿寺路 11 号
邮编　100164　　电子邮件　315@ptpress.com.cn
网址　http://www.ptpress.com.cn

◆ 开本：787×1092　1/16
印张：7.5　　2018 年 8 月第 1 版
字数：179 千字　　2018 年 8 月河北第 1 次印刷

定价：25.00 元

前言

Preface

本书是“十二五”职业教育国家规划教材——《纳税实务（新税法修订版第 3 版）》（书号：978-7-115-42918-6）的配套教学用书，是山东省省级精品课程的配套教学用书，适合作为高职高专、成人高等学校、独立学院财经类专业“纳税实务”“税法”“税费计算与申报”等课程的教材。

本书结构与主教材相同，全书围绕主教材各项目所需的训练展开，每个项目包含以下三方面的内容。

1. 学习指导。其包括“学习目标”“重点”“难点”和“主要知识”四部分内容，简要说明了每个项目的学习要求和需要注意的问题，对项目主要内容进行了归纳，使学生一目了然。

2. 典型例题分析。其主要包括单项选择题、多项选择题、判断题等，通过例题讲解的形式从不同的角度使学生掌握相关知识和技能。

3. 职业能力训练。其主要包括单项选择题、多项选择题、判断题、不定项选择题和实训题。

本书由淄博职业学院张瑞珍任主编，宣城职业技术学院方瑶、成都市蜀兴职业中学刘玲和济南工程职业技术学院王萍任副主编，山东鲁信税务师事务所洪汉廷、黄玉强等人对本书的编写提出了许多宝贵建议，并提供了企业的纳税资料。

编者

2018 年 5 月

目 录

Contents

项目一
走近税收

学习指导

一、学习目标

- 掌握税收的概念和特征；
- 掌握税法的基本要素；
- 掌握税务管理、税款征收的法律规定；
- 了解税法的分类；
- 了解税务检查。

二、重点

- 税收的概念和特征；
- 税法的分类；
- 税款征收方式。

三、难点

- 税务登记；
- 税收保全和税收强制执行措施。

四、主要知识

知识类	知识点	具体内容
认识税收	税收的实质	税收是国家为满足社会公共需要，凭借公共权力，按照法律规定的标准和程序参与国民收入分配，强制、无偿地取得财政收入的一种方式
	税收的特征	强制性、无偿性和固定性
	税收法律关系	税收法律关系的主体：在税收法律关系中享有权利和承担义务的当事人，分为征税主体和纳税主体
		税收法律关系的内容：税收法律关系主体所享有的权利和所承担的义务，主要包括纳税人的权利义务和征税机关的权利义务
		税收法律关系的客体：税收法律关系主体的权利义务所指向的对象，主要包括货币、实物和行为
	税收与税法的关系	税收与税法密不可分，税法是税收的法律表现形式，税收则是税法所确定的具体内容。有税必有法，无法不成税
	税法的分类	按照税法的基本内容和效力划分，税法分为税收基本法和税收普通法； 按照税法的职能作用划分，税法分为税收实体法和税收程序法； 按照税法征收对象划分，税法分为流转税法、所得税法、资源税法、财产税法和行为税法； 按照主权国家行使税的收管辖权划分，税法分为国内税法、国际税法和外国税法； 按照税收收入归属和征收管辖权限划分，税法分为中央税、地方税及中央与地方共享税
	税法构成要素	包括总则、纳税义务人、征税对象、税目、税率、纳税环节、纳税期限、纳税地点、减税免税、罚则、附则等项目
税的征收与管理	税务登记	税务登记是纳税人在开业、歇业前及生产经营期间发生变动时，就其生产经营的有关情况向所在地税务机关办理书面登记的一种制度
	账簿和凭证管理	纳税人财务、会计制度备案制度； 账簿设置要求； 记账凭证使用要求； 账簿及凭证保管要求； 税控装置使用要求； 违法处理
	发票管理	发票印制； 发票领购； 发票开具； 取得发票的管理； 发票的保管和缴销； 违法处理
	纳税申报	申报方式有直接申报（上门申报）、邮寄申报、数据电文方式申报和其他方式申报
	税款征收	查账征收：适用于财务制度健全、核算严格规范、纳税意识较强的纳税人； 查定征收：适用于经营规模较小、实行简易记账或会计核算不健全的纳税人； 定期定额征收：适用于生产经营规模小，不能准确计算营业额和所得额的小规模纳税人或个体工商户； 查验征收：适用于在市场、车站、码头等场外临时经营的零星、流动性税源
	税务检查	税务检查是税务机关依照国家有关税收法律、法规、规章和财务会计制度的规定，对纳税人、代扣代缴义务人履行纳税义务、扣缴义务情况进行审查监督的一种行政检查

典型例题分析

一、单项选择题

1. 下列各项中，属于税收法律关系客体的是（　　）。

A. 税率　　B. 纳税人　　C. 计税依据　　D. 课税对象

［答案］D

［解析］课税对象又被称为“征税对象”“课税客体”，是税法规定的征纳双方权利义务所指向的目的物或行为，指明对什么征税。

2. 下列税种中，属于流转税的是（　　）。

A. 消费税　　B. 印花税　　C. 房产税　　D. 企业所得税

［答案］A

［解析］流转税是对销售商品、服务的流转额征收的一类税，包括增值税、消费税、关税等。

3. 下列税收分类标准中，将税收分为中央税、地方税、中央与地方共享税的是（　　）。

A. 按税收收入归属和征收管辖权限划分　　B. 按税收与价格的关系划分

C. 按征税对象的性质划分　　D. 按税负是否转嫁划分

［答案］A

［解析］税收按税收收入归属和征收管辖权限划分，可分为中央税、地方税、中央与地方共享税。

4. 根据税收法律制度的规定，征税对象的具体化是（　　）。

A. 计税依据　　B. 税源　　C. 税目　　D. 税率

［答案］C

［解析］税目是指各个税种所规定的具体征税项目。它是征税对象的具体化，反映具体的征税范围。

5. 下列各项中，属于土地增值税税率形式的是（　　）。

A. 全额累进税率　　B. 定额税率　　C. 超额累进税率　　D. 超率累进税率

［答案］D

［解析］我国现行税制中，只有土地增值税采用超率累进税率。

6. 针对纳税人的不同情况，税务机关可以采取不同的税款征收方式。对于财务会计制度健全，能够如实核算和提供生产经营情况，并能正确计算应纳税款和如实履行纳税义务的纳税人，适用的征收方式是（　　）。

A. 查定征收　　B. 查验征收　　C. 查账征收　　D. 定期定额征收

［答案］C

［解析］查账征收适用于财务制度健全、核算严格规范、纳税意识较强的纳税人。

7. 根据《中华人民共和国税收征收管理法》的规定，下列各项中，属于税收保全措施的是（　　）。

A. 暂扣纳税人税务登记证

B. 书面通知纳税人开户银行从其存款中扣缴税款

C. 拍卖纳税人价值相当于应纳税款的货物，以拍卖所得抵缴税款

D. 查封纳税人价值相当于应纳税款的货物

［答案］D

［解析］税收保全措施主要包括书面通知纳税人开户银行或者其他金融机构冻结纳税人的相当于应纳税款的存款，以及扣押、查封纳税人的价值相当于应纳税款的商品、货物或者其他财产两方面内容。

二、多项选择题

1. 根据税收征收管理法律制度的规定，下列各项中，属于税收法律关系主体的有（　　）。

A. 征税对象　　B. 纳税人　　C. 海关　　D. 税务机关

［答案］BCD

［解析］税收法律关系主体包括征税主体（国家各级税务机关和海关）和纳税主体。选项 A 属于税收法律关系的客体。

2. 根据税收法律制度的规定，我国对纳税人和征税对象实行减免税的方式主要有（　　）。

A. 税基式减免　　B. 税率式减免　　C. 税额式减免　　D. 协商式减免

［答案］ABC

［解析］减免税主要是指对某些纳税人和征税对象采取减少征税或者免予征税的特殊规定。它可分为 3 种基本形式：税基式减免、税率式减免、税额式减免。

3. 根据税收征收管理法律制度的规定，下列各项中，属于税收强制执行措施的有（　　）。

A. 书面通知纳税人开户银行从其存款中直接扣缴税款

B. 拍卖纳税人的价值相当于应纳税款的商品、货物或其他财产

C. 书面通知纳税人开户银行冻结纳税人的金额相当于应纳税款的存款

D. 扣押、查封纳税人的价值相当于应纳税款的商品、货物或其他财产

［答案］AB

［解析］税收强制执行措施主要有书面通知纳税人的开户银行或其他金融机构从其存款中扣缴税款，扣押、查封、依法拍卖或变卖其价值相当于应纳税款的商品、货物或其他财产。

三、判断题

1. 税收普通法在税法体系中起着税收母法的作用，是税法体系的主体和核心。（　　）

［答案］错误

［解析］在税法体系中起着税收母法作用的是税收基本法。

2. 在市场、车站、码头等场外临时经营的零星、流动性税源的纳税人适用的税款征收方式是查定征收。（　　）

［答案］错误

［解析］查定征收一般适用于经营规模较小、实行简易记账或会计核算不健全的纳税人。

职业能力训练

一、单项选择题

1. 根据税收法律制度的规定，国家征税的目的是为了（　　）。

A. 增加财政收入　　B. 参与社会产品分配
C. 满足社会公共需要　　D. 调节经济

2. 根据税收法律制度的规定，国家征税凭借的是（　　）。

A. 经济权力　　B. 财产权力　　C. 军事权力　　D. 公共权力

3. 税收作为一种特定的分配形式，有着自身固有的形式特征，即（　　）。

A. 强制性、无偿性、合法性　　B. 强制性、合理性、合法性
C. 强制性、无偿性、固定性　　D. 固定性、合理性、合法性

4. 下列各项中，属于纳税人权利的是（　　）。

A. 依法进行税务登记　　B. 自觉接受税务检查
C. 申请减免税　　D. 追回纳税人欠缴的税款

5. 根据不同的标准，可以对税法进行不同的分类。对税法所做的下列分类中，以税法的职能作用为分类标准的是（　　）。

A. 税收法律、税收行政法规、税收规章　B. 税收实体法和税收程序法
C. 税收根本法和税收普通法　　D. 税收一般法和税收特别法

6. 下列各项中，不属于流转税的是（　　）。

A. 增值税　　B. 消费税　　C. 关税　　D. 车船税

7. 下列各项中，属于中央税的税种是（　　）。

A. 关税　　B. 增值税　　C. 资源税　　D. 契税

8. 根据税收征收管理法律制度的规定，下列税种中，由海关负责征收的是（　　）。

A. 关税　　B. 个人所得税　　C. 城市维护建设税　D. 城镇土地使用税

9. 某大型超市 2017 年度缴纳的下列税种中，属于地方税务局征收的是（　　）。

A. 增值税　　B. 车辆购置税　　C. 房产税　　D. 企业所得税

10. 根据税收法律制度的规定，纳税人是指（　　）。

A. 直接承包税收的单位和个人　　B. 最终负担税收的单位和个人
C. 直接负有纳税义务的单位和个人　　D. 负有代扣代缴税款义务的单位和个人

11. 下列税种中，负税人与纳税人一致的是（　　）。

A. 增值税　　B. 企业所得税　　C. 关税　　D. 消费税

12. 区分不同税种的主要标志是（　　）。

A. 税目　　B. 征税对象　　C. 纳税地点　　D. 纳税义务人

13. 衡量纳税人税收负担轻重与否的重要标志是（　　）。

A. 纳税期限　　B. 减税免税　　C. 税率　　D. 纳税环节

14. 我国现行税法规定的税率的基本形式不包括（　　）。

A. 累进税率　　B. 比例税率　　C. 累退税率　　D. 定额税率

15. 下列税种中，目前采用超额累进税率的是（　　）。

A. 土地增值税　　B. 城市维护建设税　C. 个人所得税　　D. 增值税

16. 下列各项中，不属于我国推行的“五证合一”中的“五证”的是（　　）。

A. 营业执照　　B. 税务登记证　　C. 卫生许可证　　D. 组织机构代码证

17. 根据税收征收管理法律制度的规定，下列纳税人中，可以以简易申报、简并征期等方式申报纳税的是（　　）。

A. 以查账征收方式缴纳税款的纳税人　　B. 以定期定额征收方式缴纳税款的纳税人

C. 以查定征收方式缴纳税款的纳税人　　D. 以查验征收方式缴纳税款的纳税人

18. 税务机关针对纳税人的不同情况，可以采取不同的税款征收方式。根据税收征收管理法律制度的规定，生产不固定、账册不健全的单位适用的税款征收方式是（　　）。

A. 查账征收　　B. 查定征收　　C. 查验征收　　D. 定期定额征收

19. 税务机关对小型个体工商户在一定经营地点、一定经营时期、一定经营范围内的应纳税经营额（包括经营数量）或所得额进行核定，并以此为计税依据，确定其应纳税额，这种税款征收方式是（　　）。

A. 查账征收　　B. 查定征收　　C. 查验征收　　D. 定期定额征收

20. 根据税收征收管理法律制度的规定，经县级以上税务局（分局）局长批准，税务机关可以依法对纳税人采取税收保全措施。下列各项中，不属于税收保全措施的是（　　）。

A. 责令纳税人暂时停业，直至缴足税款

B. 扣押纳税人的价值相当于应纳税款的商品

C. 查封纳税人的价值相当于应纳税款的货物

D. 书面通知纳税人开户银行冻结纳税人的金额相当于应纳税款的存款

二、多项选择题

1. 税收的实质是国家为了行使其职能取得财政收入的一种方式，其特征主要表现为（　　）。

A. 非惩罚性　　B. 固定性　　C. 强制性　　D. 无偿性

2. 下列各项中，（　　）可以成为我国税收法律关系的主体。

A. 海关　　B. 税务机关

C. 在我国境内有所得的外国企业　　D. 在我国境内有所得的外籍个人

3. 下列各项中，属于税务机关权利的有（　　）。

A. 税务管理权　　B. 税款征收权

C. 税务检查权　　D. 税收法律、法规和规章的知情权

4. 根据税收征收管理法律制度的规定，下列各项中，属于纳税人、扣缴义务人权利的有（　　）。

A. 知情权　　B. 要求保密权

C. 多缴税款申请退还权　　D. 税务检查权

5. 下列各项中，（　　）属于我国现行税收法律制度规定适用的税率形式。

A. 全额累进税率　B. 定额税率　　C. 超额累进税率　D. 比例税率

6. 税务机关征收税款的方式有（　　）。

A. 查账征收　　B. 查验征收　　C. 查定征收　　D. 定期定额征收

7. 下列关于税务机关实施税收保全措施的表述中，正确的有（　　）。

A. 税收保全措施仅限于从事生产、经营的纳税人

B. 只有在事实全部查清，取得充分证据的前提下才能实施

C. 冻结纳税人的存款时，要以相当于纳税人应纳税款的数额为限

D. 个人及其所抚养的家属维持生活必需的住房和用品，不在税收保全措施的范围之内

8. 下列关于税款追征的表述中，错误的有（　　）。

A. 因税务机关责任致使纳税人少缴税款的，税务机关在 3 年内可要求纳税人补缴税款，但不加收滞纳金

B. 因税务机关责任致使纳税人少缴税款的，税务机关在 3 年内可要求纳税人补缴税款，并按银行同期利率加收滞纳金

C. 对于纳税人偷税、抗税和骗取税款的，税务机关在 20 年内可以追征税款、滞纳金；情况特殊的，追征期可延长至 30 年

D. 因纳税人计算错误等原因，未缴或者少缴税款的，税务机关在 3 年内可以追征税款、滞纳金；情况特殊的，追征期可延长至 10 年

9. 根据税收征收管理法律制度的规定，税务机关在实施税务检查时，可以采取的措施有（　　）。

A. 检查纳税人会计资料

B. 检查纳税人货物存放地的应纳税商品

C. 检查纳税人托运、邮寄应纳税商品的单据、凭证

D. 按法定程序，查询纳税人的银行账户存款

三、判断题

1. 税收的主体是税务机关。（　　）

2. 税收法律关系的主体分为征税主体和纳税主体。（　　）

3. 税收法律关系的内容，仅包括税收法律关系主体所享有的权利。（　　）

4.《中华人民共和国企业所得税法》属于税收程序法。（　　）

5. 车辆购置税属于地方税，由地方税务局负责征收。（　　）

6. 邮寄申报以寄出地的邮戳日期为实际申报日期。（　　）

7. 未按照规定期限缴纳或解缴税款的，税务机关除责令限期缴纳外，还会从滞纳税款之日起，按日加收滞纳税款万分之五的滞纳金。（　　）

8. 因税务机关的责任，致使纳税人、扣缴义务人未缴或者少缴税款的，税务机关在 5 年内可以要求纳税人、扣缴义务人补缴税款，不得加收滞纳金。（　　）

9. 税收保全措施包括书面通知纳税人开户银行或者其他金融机构冻结纳税人的全部存款。（　　）

10. 税务检查应实行回避制度。（　　）

项目二
增值税

学习指导

一、学习目标

- 掌握增值税的征税范围、纳税义务人、税率及税收优惠政策；
- 掌握进项税额和销项税额；
- 会正确计算增值税的应纳税额；
- 了解增值税的出口退税；
- 会正确填写增值税纳税申报表。

二、重点

- 视同销售的判断及计算；
- 进项税额的计算；
- 销项税额的计算；
- 增值税应纳税额的计算。

三、难点

- 视同销售的计算；
- 进项税额不得扣除情形的判断。

四、主要知识

知识类	知识点	具体内容	
基本要素	征税范围	在我国境内发生销售货物、加工修理修配劳务、服务、无形资产、不动产及进口货物的行为时征收	
	税目	销售货物； 销售加工修理修配劳务； 销售交通运输服务、邮政服务、电信服务、建筑服务、金融服务、现代服务、生活服务； 销售无形资产； 销售不动产； 销售进口货物； 视同销售货物行为； 财政部和国家税务总局规定的其他情形	
	纳税义务人	在我国境内销售货物、加工修理修配劳务、服务、无形资产、不动产以及进口货物的单位和个人，为增值税的纳税人。 以年应税销售额500万元为标准，分为小规模纳税人和一般纳税人	
	税率	16%税率	一般纳税人销售货物、进口货物、提供加工修理修配劳务、提供有形动产租赁服务（适用低税率和零税率的除外）时适用
		10%税率	一般纳税人销售或者进口下列货物：粮食、食用植物油；自来水、暖气、冷气、热水、煤气、石油液化气、天然气、沼气、居民用煤炭制品；图书、报纸、杂志；饲料、化肥、农药、农机、农膜；国务院规定的其他货物时适用。 一般纳税人提供交通运输服务、邮政服务、基础电信服务、建筑服务、不动产租赁服务，销售不动产，转让土地使用权时适用
		6%税率	一般纳税人提供增值电信服务、金融服务、现代服务（除有形动产租赁服务和不动产租赁服务）、生活服务，销售无形资产（除土地使用权外）
		零税率	境内单位和个人发生跨境应税行为时适用
		3%征收率	小规模纳税人适用
税收优惠	《中华人民共和国增值税暂行条例》及实施细则规定的免税项目	农业生产者销售的自产农产品； 避孕药品和用具； 古旧图书； 直接用于科学研究、科学试验和教学的进口仪器、设备； 外国政府、国际组织无偿援助的进口物资和设备； 由残疾人组织直接进口供残疾人专用的物品； 销售自己使用过的物品	
	起征点	销售货物的，为月销售额5 000～20 000元； 销售应税劳务的，为月销售额5 000～20 000元； 按次纳税的，为每次（日）销售额300～500元	
	营改增试点过渡政策规定的免征增值税项目	托儿所、幼儿园提供的保育和教育服务； 养老机构提供的养老服务； 残疾人福利机构提供的育养服务； 婚姻介绍服务； ……	

续表

<table>
<tr><th>知识类</th><th>知识点</th><th colspan="2">具体内容</th></tr>
<tr><td rowspan="10">应纳税额的计算</td><td rowspan="10">一般纳税人应纳税额的计算</td><td colspan="2">计算公式：
应纳税额=当期销项税额-当期进项税额</td></tr>
<tr><td rowspan="7">销项税额</td><td>销项税额=销售额×税率
销售额是指纳税人发生应税行为时向购买方收取的全部价款和价外费用。增值税是价外税，应采用不含销项税额的销售额按照适用税率计税：
不含税销售额=含税销售额÷（1+税率）</td></tr>
<tr><td>折扣销售：如果销售额和折扣额在同一张发票上分别被注明，则可按折扣后的余额作为销售额计算增值税；如果将折扣额另开发票，则不论其在财务上如何处理，均不得从销售额中减除折扣额。
销售折扣：发生在销货之后，属于理财费用，因此，销售折扣不得从销售额中减除。
销售折让：折让后的货款为销售额</td></tr>
<tr><td>以旧换新：应按新货物的同期销售价格确定销售额，不得扣减旧货物的收购价格。金银首饰以旧换新业务，可以按销售方实际收取的不含增值税的全部价款征收增值税</td></tr>
<tr><td>还本销售：销售额就是货物的销售价格，不得从销售额中减除还本支出</td></tr>
<tr><td>以物易物：双方都应做购销处理，应分别开具合法的票据</td></tr>
<tr><td>包装物押金：因逾期未收回包装物不再退还的押金，先将该押金换算为不含税价，按所包装货物的适用税率计算销项税额</td></tr>
<tr><td>视同销售：按下列顺序确定其销售额。
① 按纳税人最近时期同类货物的平均销售价格确定；
② 按其他纳税人最近时期同类货物的平均销售价格确定；
③ 按组成计税价格确定。组成计税价格的公式为：
组成计税价格=成本×（1+成本利润率）
属于应税消费品的，组成计税价格中应包含消费税税额</td></tr>
<tr><td rowspan="3">进项税额</td><td>准予从销项税额中抵扣的进项税额如下。
从销售方处取得的增值税专用发票（含税控机动车销售统一发票）上注明的增值税税额；
从海关处取得的海关进口增值税专用缴款书上注明的增值税税额；
购进农产品时，按照农产品收购发票或销售发票上注明的农产品买价和扣除率计算的进项税额；
从境外单位或者个人处购进服务、无形资产或者不动产，自税务机关或扣缴义务人处取得的解缴税款的完税凭证上注明的增值税税额</td></tr>
<tr><td>对于固定资产或不动产在建工程，进项税额应自取得之日起分两年从销项税额中抵扣，第一年抵扣比例为60%，第二年抵扣比例为40%</td></tr>
<tr><td>不得从销项税额中抵扣的进项税额如下。
用于简易计税方法计税项目、免征增值税项目、集体福利或个人消费的购进货物、加工修理修配劳务、服务、无形资产和不动产；
非正常损失的购进货物，以及相关的加工修理修配劳务和交通运输服务；
非正常损失的在产品、产成品所耗用的购进货物（不包括固定资产）、加工修理修配劳务和交通运输服务；
非正常损失的不动产，以及该不动产所耗用的购进货物、设计服务和建筑服务；
非正常损失的不动产在建工程所耗用的购进货物、设计服务和建筑服务；
购进的旅客运输服务、贷款服务、餐饮服务、居民日常服务和娱乐服务</td></tr>
</table>

续表

知识类	知识点	具体内容
应纳税额的计算	小规模纳税人应纳税额的计算	按简易方法计算，即按销售额和规定征收率计算应纳税额，不得抵扣进项税额，其计算公式为： 应纳税额=销售额×征收率
	进口货物应纳税额的计算	按照组成计税价格和规定的税率计算应纳税额，不得抵扣发生在我国境外的任何税金。组成计税价格的计算公式为： 组成计税价格=关税完税价格+关税 进口货物属于消费税应税消费品，其组成计税价格中还应包括进口环节已纳消费税税额
纳税申报	纳税义务发生时间	采用直接收款方式销售货物时，不论货物是否发出，均为收到销售款或者取得索取销售款凭据的当天； 采用托收承付和委托银行收款方式销售货物时，为发出货物并办妥托收手续的当天； 采用赊销和分期收款方式销售货物时，为书面合同约定的收款日期的当天； 采用预收货款方式销售货物时，为货物发出的当天； 委托其他纳税人代销货物时，为收到代销单位的代销清单或收到全部（或部分）货款的当天，未收到代销清单及货款的，为发出代销货物满 180 天的当天； 纳税人提供建筑服务、租赁服务时采取预收款方式的，为收到预收款的当天； 纳税人从事金融商品转让的，为金融商品所有权转移的当天； 纳税人发生增值税视同销售行为的，为货物移送的当天，或劳务、服务、无形资产转让完成的当天，不动产权属变更的当天； 纳税人进口货物时，为报关进口的当天； 增值税扣缴义务发生时间为增值税纳税义务发生的当天
	纳税期限	分别为 1 日、3 日、5 日、10 日、15 日、1 个月或者 1 个季度。 纳税人以 1 个月或 1 个季度为 1 个纳税期的，自期满之日起 15 日内申报纳税；以 1 日、3 日、5 日、10 日或 15 日为 1 个纳税期的，自期满之日起 5 日内预缴税款，于次月 1 日起 15 日内申报纳税并结清上月应纳税款。 纳税人进口货物时，应当自海关填发海关进口增值税专用缴款书之日起 15 日内缴纳税款
	纳税地点	固定业户应当向其机构所在地或居住地主管税务机关申报纳税。 非固定业户应当向应税行为发生地主管税务机关申报纳税；未申报纳税的，由其机构所在地或者居住地主管税务机关补征税款。 其他个人提供建筑服务，销售或者租赁不动产，转让自然资源使用权时，应向建筑服务发生地、不动产所在地、自然资源所在地主管税务机关申报纳税。 扣缴义务人应当向其机构所在地或居住地主管税务机关申报缴纳扣缴的税款

典型例题分析

一、单项选择题

1. 根据营业税改征增值税试点相关规定，下列各项中，应按照“销售服务——生活服务”税目计缴增值税的是（　　）。

A. 文化创意服务　B. 车辆停放服务　C. 广播影视服务　D. 旅游娱乐服务

［答案］D

［解析］①选项 A：按照“销售服务——文化创意服务”计缴增值税；②选项 B：按照“销售

服务——租赁服务”计缴增值税；③选项 C：按照“销售服务——广播影视服务”计缴增值税。

2. 某企业为增值税一般纳税人，主营二手车交易业务，2018 年 5 月取得含税销售额 206 万元。除上述收入外，该企业当月又将本企业于 2007 年 6 月购入自用的一辆货车和 2010 年 10 月购入自用的一辆货车分别以 10.3 万元和 34.8 万元的价格出售，则该企业 2018 年 5 月应纳增值税（　　）万元。

A. 9　　B. 9.19　　C. 11.3　　D. 11.4

［答案］A

［解析］本题考核增值税的征收率。一般纳税人销售旧货依照 3%征收率减按 2%征收增值税：206÷（1+3%）×2%=4（万元）；一般纳税人销售自己使用过的 2009 年 1 月 1 日以前购入的固定资产，依照 3%征收率减按 2%征收增值税：10.3÷（1+3%）×2%=0.2（万元）；一般纳税人销售自己使用过的 2009 年 1 月 1 日以后购入的固定资产，按适用税率征收增值税：34.8÷（1+16%）×16%=4.8（万元），故应纳税额=4+0.2+4.8=9（万元）。

3. 根据营业税改征增值税试点相关规定，下列各项中，应征收增值税的是（　　）。

A. 居民存款利息

B. 被保险人获得的保险赔付

C. 母公司向子公司出售不动产

D. 航空公司根据国家指令无偿提供用于公益事业的航空运输服务

［答案］C

［解析］①选项 A：存款利息，不征收增值税。②选项 B：被保险人获得的保险赔付，不征收增值税。③选项 D：单位或个体工商户向其他单位或个人无偿提供的服务应视同销售服务，但用于公益事业或以社会公众为对象的除外；根据国家指令无偿提供的铁路运输服务、航空运输服务，属于《营业税改征增值税试点实施办法》规定的用于公益事业的服务，不视同销售服务，不征收增值税。

4. 甲公司为增值税一般纳税人，2018 年 5 月将一批新研制的产品赠送给老顾客使用，甲公司中无同类产品，其他公司中也无同类产品。已知该批产品的生产成本为 10 万元，则甲公司本月视同销售的增值税销项税额为（　　）元。

A. 16 000　　B. 16 500　　C. 17 600　　D. 18 888

［答案］C

［解析］本题考核增值税销项税额的计算。甲公司本月视同销售的增值税销项税额=100 000×（1+10%）×16%=17 600（元）。

5. 甲空调专卖店为增值税一般纳税人，2018 年 5 月采取以旧换新方式销售某型号空调 100 台。该型号新空调的同期含税销售单价为 3 462 元，旧空调的收购单价为 232 元，已知增值税税率为 16%，则甲空调专卖店当月该业务的增值税销项税额是（　　）元。

A. 51 680　　B. 44 551.72　　C. 55 392　　D. 47 751.72

［答案］D

［解析］纳税人采取以旧换新方式销售货物（金银首饰除外）时，应当按新货物的同期销售价格确定销售额。新货物的同期销售价格含税时，应换算为不含税价计税。该业务的增值税销项税

额=3 462×100÷（1+16%）×16%=47 751.72（元）。

6. 根据增值税法律制度的规定，增值税一般纳税人的下列行为中，不属于视同销售的是（　　）。

A. 将购进的炊具设备用于本单位的内部职工食堂

B. 将自产的书包捐赠给贫困地区的儿童

C. 将委托加工收回的卷烟用于个人消费

D. 将自产的小汽车分配给投资者

［答案］A

［解析］本题考核视同销售，选项 A 属于增值税进项税额不得抵扣的情形。

7. 根据增值税法律制度的规定，增值税一般纳税人的下列行为中涉及的进项税额，不得从销项税额中抵扣的是（　　）。

A. 食品厂将自产的月饼作为中秋节的福利发给职工

B. 商场将购进的服装发给职工，用于运动会入场式

C. 计算机生产企业将自产的计算机分配给投资者

D. 纺织厂将自产的窗帘用于职工活动中心

［答案］B

［解析］本题考核不得抵扣进项税额的情形。选项 A、C、D 表述的情形均属于视同销售行为，其进项税额可以从销项税额中抵扣；选项 B 中，商场将购进的服装发给职工不属于视同销售行为，其进项税额不能抵扣。

8. 某广告公司为增值税一般纳税人。2018 年 5 月，其取得广告设计不含税价款 424 万元，奖励费收入 4.24 万元；支付设备租赁费后取得的增值税专用发票上注明税额 16 万元。根据增值税法律制度的规定，该广告公司当月上述业务应缴纳增值税（　　）万元。

A. 9.70　　B. 9.68　　C. 9.44　　D. 9.56

［答案］B

［解析］本题考核增值税应纳税额的计算。应纳增值税税额=当期销项税额−当期进项税额=［424+4.24÷（1+6%）］×6%−16=9.68（万元）。奖励费属于向购买方收取的价外费用，应并入销售额缴纳增值税。

9. 2018 年 5 月 18 日，甲公司与乙公司签订了买卖电视机的合同，双方约定总价款为 60 万元。2018 年 6 月 13 日，甲公司就 60 万元货款全额开具了增值税专用发票；2018 年 6 月 20 日，甲公司收到乙公司支付的第一笔货款 40 万元；2018 年 6 月 28 日，甲公司收到乙公司支付的第二笔货款 20 万元。根据增值税法律制度的规定，甲公司增值税纳税义务的发生时间为（　　）。

A. 2018 年 5 月 18 日　　B. 2018 年 6 月 13 日

C. 2018 年 6 月 20 日　　D. 2018 年 6 月 28 日

［答案］B

［解析］销售货物或者提供应税劳务时，其增值税纳税义务发生时间为收讫销售款或者取得索取销售款凭据的当天；先开具发票的，为发票开具的当天。

二、不定项选择题

甲企业为增值税一般纳税人，2018 年 5 月发生如下经济业务。

（1）购进 A 材料，取得增值税专用发票，发票上注明的增值税税额为 16 万元；支付运输公司运费，取得运输公司开具的普通发票，金额为 2 万元。

（2）从农业生产者手中购买农产品，收购发票上注明的价款为 20 万元。该农产品在本月末因管理不善被盗 30%。

（3）销售产品，开具增值税专用发票，不含税销售额为 200 万元；销售产品，开具普通发票，取得的含税销售额为 116 万元。

（4）将自己试制的新产品（不属于应税消费品）作为福利发放给职工。该新产品生产成本为 10 万元，市场上没有同类产品。

（5）销售一台使用过的机器设备，含税价为 6.18 万元，该机器设备于 2006 年购买并使用。甲企业在 2008 年 12 月 31 日以前未被纳入扩大增值税抵扣范围试点。

已知：该企业取得的发票均符合规定，并已在当月认证；销售货物适用的增值税税率均为 16%；购进农产品的扣除率为 10%，结果保留两位小数。

要求：根据上述资料，回答下列第 1～5 小题。

1. 下列关于甲企业当月可抵扣的进项税额的计算中，正确的是（　　）万元。

   A. 购进 A 材料可抵扣的进项税额=16+2÷（1+10%）×10%=16.18

   B. 购进 A 材料可抵扣的进项税额=16

   C. 购进农产品可抵扣的进项税额=20×10%×（1−30%）=1.4

   D. 购进农产品可抵扣的进项税额=20×10%=2

2. 下列关于甲企业业务（3）和业务（4）销项税额的计算中，正确的是（　　）万元。

   A. 业务（3）的销项税额=（200+116）×16%=50.56

   B. 业务（3）的销项税额=［200+116÷（1+16%）］×16%=48

   C. 业务（4）的销项税额=10×16%=1.6

   D. 业务（4）的销项税额=10×（1+10%）×16%=1.76

3. 下列关于甲企业在业务（5）中销售机器设备应纳增值税的表述中，正确的是（　　）。

   A. 甲企业虽然为一般纳税人，但该项业务需要按简易办法计算增值税

   B. 甲企业为一般纳税人，因此该项业务按适用的增值税税率计算增值税

   C. 该项业务应纳增值税税额=6.18÷（1+3%）×2%=0.12（万元）

   D. 该项业务应纳增值税税额=6.18÷（1+16%）×16%=0.85（万元）

4. 甲企业 2018 年 5 月应纳增值税税额（　　）万元。

   A. 32.48　　B. 32.28　　C. 33.21　　D. 31.68

5. 甲企业申报 2018 年 5 月增值税的最后期限是（　　）。

   A. 2018 年 5 月 31 日　　B. 2018 年 6 月 10 日

   C. 2018 年 6 月 15 日　　D. 2018 年 6 月 30 日

［答案及解析］

1. BC

解析：本题主要考核进项税额的确定。购进运输劳务时未取得合法的扣税凭证，进项税额不得抵扣；购进农产品时按照农产品收购发票或销售发票上注明的农产品买价和10%的扣除率计算进项税额，但因管理不善造成损失部分的进项税额不得抵扣，故该农产品的进项税额只能抵扣70%。

2. BD

解析：本题主要考核销售额的确定。如果销售额中包含销项税额，即为含税销售额，则应换算为不含税销售额，换算公式为：不含税销售额=含税销售额÷（1+增值税税率）。将自产的货物作为集体福利或者用于个人消费视同销售货物，因无同类货物销售价格，故按照组成计税价格确定销售额：组成计税价格=成本×（1+成本利润率）。这里的成本利润率为10%。

3. AC

解析：本题主要考核征收率。2009年1月1日以前未被纳入扩大增值税抵扣范围试点的增值税一般纳税人，销售自己使用过的2009年1月1日以前购进或者自制的固定资产，按照3%征收率减按2%征收增值税。

4. A

解析：本题考核应纳增值税税额的计算。甲企业本月应纳增值税=48+1.76+0.12−16−1.4=32.48（万元）。

5. C

解析：本题主要考核增值税的纳税期限。增值税于次月1—15日申报缴纳。

三、实训题

实训目的：学习增值税一般纳税人应纳税额的计算方法。

实训资料：某工业企业（增值税一般纳税人）2018年5月发生如下购销业务。

（1）购进生产原料一批，已验收入库，取得的增值税专用发票上注明的价款和税款分别为23万元和3.68万元，另支付运费（取得增值税专用发票）3万元；

（2）购进钢材20吨，已验收入库，取得的增值税专用发票上注明的价款和税款分别为8万元和1.28万元；

（3）直接向农民收购用于生产加工的农产品一批，经税务机关批准的收购发票上注明的价款为44万元；

（4）销售产品一批，货已发出并已办妥银行托收手续，但货款未到，向购买方开具的专用发票上注明销售额42万元；

（5）将本月外购的20吨钢材及库存的同价钢材20吨移送本企业，用于修建产品仓库；

（6）期初留抵进项税额0.8万元。

已知：增值税专用发票已经通过认证，免税农产品扣除率为10%。

实训要求：计算该企业当期应纳增值税税额和期末留抵进项税额。

［答案］

（1）当期进项税额=3.68+3×10%+1.28+44×10%=9.66（万元）

（2）当期销项税额=42×16%=6.72（万元）

（3）当期应纳税额=6.72−9.66−0.8=−3.74（万元）

（4）期末留抵进项税额为3.74万元。

职业能力训练

一、单项选择题

1. 根据营业税改征增值税试点相关规定，下列各项中，应按照“销售服务——建筑服务”税目计缴增值税的是（　　）。

A. 平整土地　　B. 出售住宅　　C. 出租办公楼　　D. 转让土地使用权

2. 根据营业税改征增值税试点税收政策的规定，下列各项中，应按“销售服务——生活服务”税目计缴增值税的是（　　）。

A. 家政服务　　B. 房屋租赁　　C. 铁路运输　　D. 土地租赁

3. 根据营业税改征增值税试点相关规定，下列行为中，应按照“销售不动产”税目计缴增值税的是（　　）。

A. 将建筑物广告位出租给其他单位用于发布广告

B. 销售底商（建筑物底层商铺）

C. 转让高速公路经营权

D. 转让国有土地使用权

4. 根据营业税改征增值税试点税收政策的规定，下列各项中，不按照现代服务征收增值税的是（　　）。

A. 广告设计　　B. 有形动产租赁　　C. 不动产租赁　　D. 教育医疗服务

5. 根据增值税法律制度的规定，下列行为中，属于视同销售货物行为的是（　　）。

A. 企业将外购的床单用于内部招待所　　B. 企业将自产货物移送本县分支机构用于销售

C. 企业为服装厂代销儿童服装　　D. 企业将外购的水泥用于本单位厂房建设

6. 下列选项中，属于视同销售行为，应征收增值税的是（　　）。

A. 某商店为某服装厂代销女性服装

B. 某企业将外购的材料用于生产免税的产品

C. 某批发商将外购的保健品作为集体福利

D. 某企业将外购的清洁剂用于个人消费

7. 根据营业税改征增值税试点相关规定，下列各项中，应征收增值税的是（　　）。

A. 商业银行提供直接收费金融服务收取的手续费

B. 物业管理单位代收的住宅专项维修资金

C. 被保险人获得的保险赔付

D. 存款人取得的存款利息

8. 根据增值税法律制度的规定，下列行为中，实行增值税免税的是（　　）

A. 银行销售金银　　B. 房地产开发公司销售房屋

C. 货物期货交易　　D. 农业生产者销售自产农产品

9. 根据增值税法律制度的规定，下列关于小规模纳税人销售自己使用过的固定资产计征增值税时适用征收率的表述中，正确的是（　　）。

A. 减按 2%的征收率征收　　B. 按 3%的征收率征收
C. 按 4%的征收率减半征收　　D. 按 6%的征收率减半征收

10. 根据增值税法律制度的规定，纳税人提供的下列应税服务，适用增值税零税率的是（　　）。

A. 国际运输服务　　B. 国际货物运输代理服务
C. 存储地点在境外的仓储服务　　D. 标的物在境外使用的有形动产租赁服务

11. 甲公司为增值税一般纳税人，本月销售产品一批，取得不含税销售额 100 000 元，同时向购买方收取包装物租金 1 000 元。已知增值税税率为 16%，则甲公司本月增值税销项税额为（　　）元。

A. 14 675　　B. 16 000　　C. 16 137.93　　D. 16 160

12. 某书店是增值税一般纳税人，2018 年 5 月销售图书取得含税销售额 6.6 万元。根据增值税法律制度的规定，该书店此项业务的增值税销项税额为（　　）万元。

A. 0.6　　B. 0.66　　C. 0.91　　D. 1.056

13. 某服装厂为增值税一般纳税人，2018 年 5 月，因销售服装开具增值税专用发票，取得含税销售额 200 万元；开具增值税普通发票，取得含税销售额 120 万元。同月，其将外购的布料作为集体福利，该布料购进价为 20 万元，同类布料不含税销售价为 30 万元。根据增值税法律制度的规定，该服装厂当月增值税销项税额为（　　）万元。

A. 44.14　　B. 48.94　　C. 51.2　　D. 56

14. 某自行车商店实行还本方式销售自行车，现在的自行车单价为 500 元（不含税），已销售 400 辆，3 年后还本 80%。该自行车同类货物市场价为 300 元，则该商店的计税销售额是（　　）万元。

A. 12　　B. 15　　C. 20　　D. 4

15. 光明机械厂为增值税一般纳税人，2018 年 5 月将专门生产的 10 台机器分配给投资者，单位成本 100 000 元，该企业中没有同类产品，成本利润率为 10%，市场上同类产品不含增值税的单位销售价格为 120 000 元，该产品适用的增值税税率为 16%。则此项业务（　　）。

A. 不纳增值税　　B. 计销项税额 16 000 元
C. 计销项税额 176 000 元　　D. 计销项税额 192 000 元

16. 某服装厂将自产的服装作为福利发给本厂职工，该批服装的制作成本是 10 万元，成本利润率为 10%，但当月同类产品的平均售价为 12 万元，则计征增值税的销售额应为（　　）万元。

A. 10　　B. 10.9　　C. 11　　D. 12

17. 某企业为增值税一般纳税人，2018 年 5 月销售化妆品取得不含税销售额 100 万元，同时收取的包装物押金为 5.8 万元（合同约定期限为 60 天）；当月逾期未收回包装物不再退还的押金为 4.64 万元。已知该企业对收取的包装物押金单独记账核算，则该企业当月增值税销售额是（　　）万元。

A. 99　　B. 101　　C. 104　　D. 105

18. 某商店为增值税一般纳税人，2018 年 5 月采取以旧换新方式销售电视机 10 台，电视机零售价为 4 640 元/台，收回的旧电视机折价为 348 元/台，销售电视机时实际收取的价款为 4 292 元/台，以上价款均含增值税。该商店 2018 年 5 月此项业务的销售额是（　　）元。

A. 46 400　　B. 42 920　　C. 40 000　　D. 37 000

19. 甲企业是增值税一般纳税人，2018 年 5 月销售给乙公司 20 000 件玩具，每件不含税价格为 30 元。由于乙公司购买数量多，甲企业按原价的 8 折给予优惠（销售业务开具了一张发票），并给予“1/10，*n*/20”的销售折扣。乙公司于 10 日内付款，则甲企业此项业务的销项税额为（　　）元。

A. 76 032　　B. 76 800　　C. 95 040　　D. 96 000

20. 某制药厂是增值税一般纳税人，2018 年 5 月，因销售抗生素药品，取得不含税销售额 90 万元；因销售免税药品取得不含税销售额 60 万元。当月，其购入生产用原材料一批，取得的增值税专用发票上注明税款 8 万元。抗生素药品与免税药品无法划分耗料量，则该制药厂当月应纳增值税（　　）万元。

A. 6.4　　B. 9.6　　C. 14.4　　D. 16

21. 某金店为增值税一般纳税人，2018 年 5 月，采取“以旧换新”方式销售 24K 纯金项链 10 条，每条新项链的对外零售价格为 3 000 元，旧项链作价 1 000 元，新旧项链差价款 2 000 元。该项“以旧换新”业务 2018 年 5 月应纳增值税销项税额（　　）元。

A. 2 758.62　　B. 3 200　　C. 4 137.93　　D. 4 800

22. 甲企业销售给乙企业一批货物，乙企业因资金紧张无法支付货币资金，经双方协商，乙企业用自产的产品抵货款。下列表述中，正确的是（　　）。

A. 甲企业收到乙企业的抵顶货物后不应做购货处理

B. 乙企业发出抵顶货物后不应做销售处理，不应计算销项税额

C. 甲、乙双方发出货物后都应做销售处理，但收到货物所含增值税税额一律不能计入进项税额

D. 甲、乙双方都应做购销处理，可对开增值税专用发票，分别核算销售额和购进额，并计算销项税额和进项税额

23. 某家用电器厂为增值税一般纳税人，2018 年 5 月采取“还本销售”方式销售家电产品，开具普通发票 20 张，共收取货款 25 万元。企业扣除还本准备金后按规定将 23 万元作为销售处理，则增值税计税销售额为（　　）万元。

A. 25　　B. 23　　C. 21.55　　D. 19.83

24. 某酒厂为增值税一般纳税人，2018 年 5 月向一小规模纳税人销售白酒，开具的普通发票上注明金额 93 600 元，同时收取单独核算的包装物押金 2 000 元（尚未逾期）。对于此业务，酒厂应计算的销项税额为（　　）元。

A. 12 910.34　　B. 131 86.21　　C. 14 430.19　　D. 15 296

25. 某食品加工厂 2018 年 5 月收购的免税农产品至 2018 年 6 月腐烂变质，其账面成本为 81 000 元，已知免税农产品的扣除率是 10%。2018 年 6 月对上述农产品进行税务处理时，（　　）。

A. 进项税额转出 8 100 元　　B. 进项税额转出 9 000 元

C. 进项税额转出 73 636.64 元　　D. 不做税务处理

26. 某企业为增值税一般纳税人，2018 年 6 月因管理不善，致使一批上月向农业生产者收购的大豆霉烂变质，账面成本 10 940 元（含运费 500 元，支付运费时取得增值税专用发票）。已知农产品的扣除率为 10%，则进项税额的转出额为（　　）元。

A. 1 044　　B. 1 094　　C. 1 210　　D. 1 345.34

27. 某商店为增值税小规模纳税人，2018 年 5 月销售货物共取得含税收入 30 900 元，购进货物取得的增值税专用发票上注明的增值税税额为 700 元。已知小规模纳税人适用的增值税征收率为 3%，则该商店 2018 年 5 月应缴纳的增值税税额是（　　）元。

A. 927　　B. 900　　C. 227　　D. 200

28. 某汽修厂为增值税小规模纳税人，2018 年 5 月取得修理收入 90 000 元。另外，当月因处置使用过的固定资产取得收入 6 000 元，则该汽修厂当月应缴纳的增值税为（　　）元。

A. 2 621.35　　B. 2 762.5　　C. 2 796.12　　D. 2 737.86

29. 根据增值税法律制度的规定，下列选项中，不得从销项税额中抵扣进项税额的是（　　）。

A. 购进免税农产品的进项税额　　B. 外购货物用于集体福利的进项税额

C. 购进货物用于无偿赠送的进项税额　　D. 购进生产用原材料的进项税额

30. 下列行为中，根据增值税法律制度的规定，增值税一般纳税人的进项税额准予抵扣的是（　　）。

A. 将购进货物用于生产免税产品　　B. 将购进货物作为职工福利

C. 将购进货物用于生产应税产品　　D. 将购进货物用于奖励职工

31. 纳税人采取分期收款方式销售货物时，其增值税纳税义务发生时间为（　　）。

A. 发出商品当天　　B. 收到最后一笔货款当天

C. 收到第一笔货款当天　　D. 合同约定的收款日期当天

32. 纳税人以预收账款方式销售货物，其增值税纳税义务发生的时间为（　　）。

A. 销售方发出货物当天　　B. 购买方收到货物当天

C. 合同约定收款日期当天　　D. 取得有关凭证当天

33. 根据营业税改征增值税试点的相关规定，下列关于增值税纳税义务发生时间的表述中，不正确的是（　　）。

A. 纳税人发生应税行为时先开具发票的，为开具发票的当天

B. 纳税人发生视同销售不动产的行为时，为不动产权属变更的当天

C. 纳税人提供租赁服务时采取预收款方式的，为租期届满的当天

D. 纳税人从事金融商品转让业务的，为金融商品所有权转移的当天

二、多项选择题

1. 根据我国营业税改征增值税试点的相关规定，以下情形中，属于在我国境内提供增值税应税服务的是（　　）。

A. 境外单位向境内单位提供完全在境外消费的应税服务

B. 日本某公司为中国境内某企业设计时装

C. 法国某公司对中国境内某企业出租设备

D. 境外个人向境外单位提供完全在境外消费的应税服务

2. 根据增值税法律制度的规定，下列各项中，按照“销售货物”税目计缴增值税的有（　　）。

A. 销售电力　B. 销售热力　C. 销售天然气　D. 销售房地产

3. 根据营业税改征增值税试点的相关规定，属于该项规定中金融服务的是（　　）。

A. 融资性售后回租　B. 动产融资租赁　C. 保险服务　D. 邮政储蓄服务

4. 根据增值税法律制度的规定，下列各项中，应视同销售货物缴纳增值税的有（　　）。

A. 将购进货物分配给股东　B. 将购进货物作为集体福利

C. 将购进货物无偿赠送给其他单位　D. 将购进货物投资到其他单位

5. 根据增值税法律制度的规定，一般纳税人发生的下列应税行为中，适用10%税率的有（　　）。

A. 果品公司批发水果

B. 煤炭生产企业销售煤炭

C. 一般纳税人销售农机配件

D. 印刷厂自行购买纸张，印刷有统一刊号的刊物并销售

6. 根据营业税改征增值税试点的相关规定，一般纳税人发生的下列应税行为中，可以选择适用简易计税方法计缴增值税的有（　　）。

A. 电影放映服务　B. 文化体育服务　C. 收派服务　D. 公交客运服务

7. 根据增值税法律制度的规定，一般纳税人提供下列应税服务时，可以选择适用简易计税方法计缴增值税的有（　　）。

A. 仓储服务　B. 港口码头服务　C. 融资租赁服务　D. 公共交通运输服务

8. 根据增值税法律制度的规定，下列各项中，免征增值税的有（　　）。

A. 装修公司提供的装饰服务　B. 医疗机构提供的医疗服务

C. 学生勤工俭学提供的服务　D. 幼儿园提供的教育服务

9. 根据增值税法律制度的规定，下列各项中，免征增值税的有（　　）。

A. 托儿所提供的保育服务　B. 文化馆出租房屋业务

C. 养老机构提供的养老服务　D. 婚介所提供的婚姻介绍服务

10. 下列各项中，应计入增值税应税销售额的有（　　）。

A. 向购买者收取的包装物租金

B. 向购买者收取的销项税额

C. 因销售货物向购买者收取的手续费

D. 受托加工应征消费税的消费品所代收代缴的消费税

11. 根据增值税法律制度的规定，下列包装物的增值税处理方式中，正确的有（　　）。

A. 出租包装物的租金一律在收取时作为价外费用并入销售额计征增值税

B. 一般货物包装物押金一律在收取时作为价外费用并入销售额计征增值税

C. 白酒包装物押金一律在收取时作为价外费用并入销售额计征增值税

D. 啤酒包装物押金一律在收取时作为价外费用并入销售额计征增值税

12. 根据增值税法律制度的规定，企业（　　）的进项税额不得从销项税额中抵扣。

A. 作为职工福利的外购物资

B. 生产应税产品购入的原材料

C. 因管理不善变质的库存购进商品

D. 因管理不善被盗的产成品所耗用的购进原材料

13. 甲建筑公司为增值税一般纳税人，发生的下列增值税进项税额中，准予从销项税额中抵扣的有（　　）。

A. 购进办公用品取得的增值税普通发票上注明的税额

B. 购进工程所用材料取得的增值税专用发票上注明的税额

C. 购进工程设计服务取得的增值税专用发票上注明的税额

D. 购进施工现场修建临时建筑物所用材料取得的增值税专用发票上注明的税额

14. 根据增值税法律制度的规定，下列关于增值税专用发票记账联用途的表述中，错误的有（　　）。

A. 作为购买方核算采购成本的记账凭证

B. 作为购买方核算增值税进项税额的记账凭证

C. 作为购买方报送主管税务机关认证和留存备查的扣税凭证

D. 作为销售方核算销售收入和增值税销项税额的记账凭证

15. 根据增值税法律制度的规定，一般纳税人发生的下列业务中，不得开具增值税专用发票的有（　　）。

A. 房地产开发企业向消费者个人销售房屋

B. 百货公司向小规模纳税人零售食品

C. 超市向消费者个人销售红酒

D. 会计师事务所向一般纳税人提供咨询服务

三、判断题

1. 出租车公司向使用本公司自有出租车的出租车司机收取的管理费用，按照有形动产租赁服务计缴增值税。（　　）

2. 根据营业税改征增值税的相关规定，卫星电视信号落地转接服务属于增值电信服务。（　　）

3. 营业税改征增值税后，提供有形动产融资租赁服务时不需要缴纳增值税。（　　）

4. 国家对保险公司一年期以上人身保险产品取得的保费收入免征增值税。（　　）

5. 一般纳税人发生财政部和国家税务总局规定的特定应税行为时，可以选择适用简易计税方法计税，但一经选择，24个月内不得变更。（　　）

6. 采取以旧换新方式销售货物的，应按新货物的同期销售价格确定销售额，不得扣减旧货物的收购价格。（　　）

7. 销售折让发生在货物销售后，在确认销售额时，折让额不得从销售额中减除。（　　）

8. 纳税人提供有形动产融资性售后回租服务，计算当期销售额时，可以扣除的价款本金为书

面合同约定的当期应当收取的本金。（ ）

9. 纳税人将作为资产的产品无偿赠送的行为不需要缴纳增值税。（ ）

10. 某增值税一般纳税人销售从农业生产者处购进的自产谷物，其缴纳增值税时适用零税率。（ ）

11. 一般纳税人购进的旅客运输服务、贷款服务，进项税额不得抵扣。（ ）

12. 信托投资公司以 1 个季度为纳税期限。（ ）

13. 纳税人进口货物时，应当自海关填发海关进口增值税专用缴款书之日起 14 日内缴纳税款。（ ）

14. 纳税人提供建筑服务、租赁服务时采取预收款方式的，增值税的纳税义务发生时间为收到预收款当天。（ ）

15. 非固定业户应当向居住地主管税务机关申报缴纳增值税。（ ）

四、不定项选择题

（一）

中国工商银行 A 支行为增值税一般纳税人，主要提供相关金融服务，甲公司为其星级客户。中国工商银行 A 支行 2017 年第 4 季度有关经营业务的收入如下。

（1）提供贷款服务，取得含增值税利息收入 6 360 万元。

（2）提供票据贴现服务，取得含增值税利息收入 848 万元。

（3）提供资金结算服务，取得含增值税服务费收入 31.8 万元。

（4）提供账户管理服务，取得含增值税服务费收入 13.78 万元。

已知：金融服务增值税税率为 6%，甲公司为增值税一般纳税人。

要求：根据上述资料，不考虑其他因素，分析回答下列问题。

1. 中国工商银行 A 支行 2017 年第 4 季度取得的下列收入中，应按照“金融服务——直接收费金融服务”税目计缴增值税的是（ ）万元。

A. 贷款利息收入 6 360　　B. 票据贴现利息收入 848

C. 资金结算服务费收入 31.8　　D. 账户管理服务费收入 13.78

2. 甲公司向中国工商银行 A 支行购进的下列金融服务中，不得从销项税额中抵扣进项税额的是（ ）。

A. 票据贴现服务　B. 账户管理服务　C. 贷款服务　D. 资金结算服务

3. 下列计算中国工商银行 A 支行 2017 年第 4 季度贷款服务增值税销项税额的算式中，正确的是（ ）万元。

A. （6 360+848）÷（1+6%）×6%=408

B. 31.8×6%+13.78÷（1+6%）×6%=2.688

C. 31.8÷（1+6%）×6%+848×6%=52.68

D. （6 360+31.8）×6%=383.508

4. 下列计算中国工商银行 A 支行 2017 年第 4 季度直接收费金融服务增值税销项税额的算式中，正确的是（ ）万元。

A. 31.8÷（1+6%）×6%+13.78×6%=2.626 8

B. （31.8+13.78）÷（1+6%）×6%=2.58

C. （6 360+31.8）÷（1+6%）×6%=361.8

D. 848×6%+13.78÷（1+6%）×6%=51.66

（二）

乙公司为增值税一般纳税人，主要生产和销售电冰箱。2018 年 5 月，其有关经济业务如下。

（1）购进一批原材料，取得的增值税专用发票上注明的税额为 32 000 元；支付运输费，取得的增值税专用发票上注明的税额为 2 000 元。

（2）购进低值易耗品，取得的增值税普通发票上注明的税额为 3 500 元。

（3）直接销售 A 型电冰箱 500 台，含增值税销售单价为 3 480 元；另收取优质费 58 000 元、包装物租金 11 600 元。

（4）采取以旧换新方式销售 A 型电冰箱 60 台，旧电冰箱作价 116 元/台。

（5）向优秀职工发放 A 型电冰箱 10 台，生产成本为 2 320 元/台。

已知：增值税税率为 16%，上期留抵增值税额 38 000 元，取得的增值税专用发票已通过税务机关认证。

要求：根据上述资料，不考虑其他因素，分析回答下列问题。

1. 乙公司下列增值税进项税额中，准予抵扣的是（　　）元。

A. 购进原材料的进项税额 32 000　　B. 支付运输费的进项税额 2 000

C. 购进低值易耗品的税额 3 500　　D. 上期留抵的增值税额 38 000

2. 下列关于乙公司当月直接销售 A 型电冰箱的增值税销项税额的计算中，正确的是（　　）元。

A. ［500×3 480+58 000÷（1+16%）］×16%=286 400

B. （500×3 480+58 000+11 600）×16%=289 536

C. （500×3 480+58 000+11 600）÷（1+16%）×16%=249 600

D. 500×3 480×16%=278 400

3. 下列关于乙公司当月采用以旧换新方式销售 A 型电冰箱的增值税销项税额的计算中，正确的是（　　）元。

A. 60×3 480×16%=33 408

B. 60×（3 480−116）÷（1+16%）×16%=27 840

C. 60×3 480÷（1+16%）×16%=28 800

D. 60×（3 480−116）×16%=32 294.4

4. 下列关于乙公司当月向优秀职工发放 A 型电冰箱增值税销项税额的计算中，正确的是（　　）元。

A. 10×2 320×16%=3 712　　B. 10×3 480×16%=5 568

C. 10×2 320÷（1+16%）×16%=3 200　　D. 10×3 480÷（1+16%）×16%=4 800

五、实训题

（一）

实训目的：学习增值税一般纳税人应纳税额的计算方法。

实训资料：甲公司为增值税一般纳税人，专门从事认证服务工作。2018 年 5 月，其发生如下经济业务。

（1）16 日，取得某项认证服务收入，价税合计 106 万元。

（2）18 日，购进一台经营用设备，取得的增值税专用发票上注明金额 20 万元，增值税 3.2 万元；支付运输费用，取得的增值税专用发票上注明金额 0.5 万元，增值税 0.05 万元。

（3）20 日，支付广告服务费，取得的增值税专用发票上注明金额 5 万元，增值税 0.3 万元。

（4）28 日，销售 2009 年 1 月 1 日以前购进的某固定资产，售价 2.06 万元。

实训要求：计算甲公司 2018 年 5 月应纳增值税税额。

（二）

实训目的：学习增值税一般纳税人应纳税额的计算方法。

实训资料：某生产企业为增值税一般纳税人，适用的增值税税率为 16%。2018 年 5 月，其有关生产经营业务如下。

（1）销售甲产品给某大商场，开具增值税专用发票，取得不含税销售额 100 万元；另外，开具普通发票，取得销售甲产品的包装物租金收入 1.16 万元。

（2）销售乙产品，开具普通发票，取得含税销售额 34.8 万元。

（3）将试制的一批应税新产品用于对外投资，该批新产品的成本为 30 万元，成本利润率为 10%，无同类产品的市场销售价格。

（4）购进货物，取得增值税专用发票，注明支付的货款 50 万元、增值税 8 万元；

（5）向农业生产者购进免税农产品一批，支付收购款 20 万元，本月下旬将购进农产品的 20% 作为本企业职工福利。

已知：以上销售的产品均为非应税消费品，农产品的扣除率是 12%，相关票据均于当月通过认证。

实训要求：请按顺序完成下列计算任务。

（1）计算销售甲产品的销项税额。

（2）计算销售乙产品的销项税额。

（3）计算自用新产品的销项税额。

（4）计算外购货物应抵扣的进项税额。

（5）计算外购免税农产品准予抵扣的进项税额。

（6）计算该企业 2018 年 5 月合计应缴纳的增值税税额。

（三）

实训目的：学习增值税一般纳税人应纳税额的计算方法。

实训资料：某食品加工厂 2018 年 6 月发生如下业务。

（1）向农民收购大麦 20 吨，支付价款 40 000 元，验收后送另一食品加工厂加工膨化，支付加工费价税合计 696 元，取得增值税专用发票；

（2）从县城工具厂（小规模纳税人）购入小工具一批，取得税务机关代开的增值税专用发票，价税合计 6 180 元；

（3）生产面粉 20 吨，销售 18 吨，取得不含税销售额 42 000 元，将 1 吨面粉作为福利发给职工；

（4）生产并销售夹心饼干，取得不含税销售额 200 000 元；

（5）上月向农民收购入库的小麦因保管不善霉烂，账面成本 3 600 元。

已知：农产品的扣除率是 10%，相关票据均于当月通过认证。

实训要求：请按顺序完成下列计算任务。

（1）计算该食品厂当月各项增值税进项税额。

（2）计算该食品厂增值税销项税额。

（3）计算当期应纳增值税税额。

（四）

实训目的：学习增值税小规模纳税人应纳税额的计算方法。

实训资料：甲便利店为增值税小规模纳税人。2017 年第四季度，其零售商品取得收入 103 000 元；将一批外购商品无偿赠送给物业公司用于社区活动，该批商品的含税价格为 721 元。

已知：增值税征收率为 3%。

实训要求：计算甲便利店第四季度应缴纳的增值税税额。

（五）

实训目的：学习进口货物增值税的计算方法。

实训资料：某服装公司为增值税一般纳税人。2018 年 5 月，其从国外进口一批服装面料，海关审定的关税的完税价格为 50 万元。该批服装面料分别按 5%和 16%的税率向海关缴纳了关税和进口环节增值税，并取得了相关完税凭证。该批服装面料当月加工成服装后全部在国内销售，取得不含增值税销售收入 100 万元，同时支付运输费 3 万元，取得的增值税专用发票上注明的增值税为 0.3 万元。

已知：该公司适用的增值税税率为 16%。

实训要求：请按顺序完成下列计算任务。

（1）计算该公司当月进口服装面料应缴纳的增值税税额。

（2）计算该公司当月允许抵扣的增值税进项税额。

（3）计算该公司当月销售服装应缴纳的增值税税额。

（六）

实训目的：学习增值税一般纳税人应纳税额的计算方法。

实训资料：甲公司为增值税一般纳税人，主要从事电视机的生产、销售和提供售后服务业务。2018 年 5 月，其发生如下经济业务。

（1）5 月 1 日，向昊天商场销售 A 型电视机 1 000 台，不含税价为 3 500 元/台，适用的增值税税率为 16%，开具增值税专用发票。昊天商场在 20 天内付清货款，甲公司按合同约定，给予了 5%的销售折扣。

（2）5 月 2 日，购进原材料，增值税专用发票上注明的货款为 1 200 000 元，税款为 192 000 元。

（3）5 月 9 日，外购食用植物油一批，发放给职工作为福利，取得增值税专用发票，其上注明价款 100 000 元、税款 16 000 元。

（4）5 月 10 日，因仓管人员管理不当，一批电视机被人为损坏，经计算所耗费的原材料及有关货物的进项税额为 6 000 元。

（5）5 月 12 日，从境外进口一批原材料，海关核定的关税完税价格是 200 000 元，进口关税税率为 15%，适用的增值税税率为 16%。

（6）5 月 13 日，将自产的 10 台 A 型电视机捐赠给某小学。

（7）5 月 16 日，采取以旧换新的方式销售 A 型电视机 100 台，每台原价 3 500 元，按折价 15% 后的款项收取，开具增值税专用发票。

（8）5 月 20 日，销售本公司自用的 2012 年购进的小汽车一辆，售价 50 000 元（购进时未抵扣进项税额），由车管所开具机动车统一发票。

（9）5 月 22 日，没收逾期未收回的生产材料包装物押金 8 120 元，计入销售收入。

（10）5 月 24 日，外购一批工程物资，用于企业仓库的扩建，取得的普通发票上注明的款项为 23 200 元。

（11）5 月 25 日，上门为已过保修期限的客户修理电视机，开具增值税专用发票，注明修理费 500 元，增值税 80 元。

（12）5 月 26 日，公司为某单位提供设计服务，开具的增值税专用发票上注明价款 500 000 元、增值税 30 000 元。另外，接受 B 公司提供的设计服务，取得的增值税专用发票上注明价款 100 000 元、增值税 6 000 元。

（13）5 月 29 日，公司将闲置的厂房及其内置设备对外租赁（合同分签）。开具的增值税专用发票上注明当期厂房租赁金额 8 000 元，增值税 800 元；设备租赁金额 4 000 元，增值税 640 元。

（14）5 月 30 日，公司通过 EMS 向所有客户寄出邀请函，邀请所有客户到公司参加新产品发布会，收到邮政部门开具的增值税专用发票，其上注明邮寄费用 4 500 元、增值税 450 元。

（15）5 月 30 日，办公室负责人报销本月差旅费用，交来酒店开具的增值税专用发票一张，注明住宿费 2 000 元、增值税 120 元，另交来外来普通发票一张，注明餐饮费 696 元。

实训要求：请按顺序完成下列计算任务。

（1）计算本月准予扣除的进项税额。

（2）计算本月的销项税额。

（3）计算本月增值税应纳税额。

项目三
消费税

学习指导

一、学习目标

- 掌握消费税的纳税义务人、税目、税率及纳税环节；
- 掌握消费税的三种计税方法；
- 会正确计算消费税的应纳税额；
- 了解消费税的出口退税；
- 会正确填写消费税纳税申报表。

二、重点

- 自产自用应税消费品应纳消费税的计算；
- 委托加工应税消费品应纳消费税的计算；
- 进口应税消费品应纳消费税的计算。

三、难点

- 白酒和卷烟复合计算消费税；
- 准予从消费税应纳税额中抵扣税款的计算。

四、主要知识

<table>
<tr><th>知识类</th><th>知识点</th><th>具体内容</th></tr>
<tr><td rowspan="4">基本要素</td><td>征税范围</td><td>在我国境内生产应税消费品、委托加工应税消费品、进口应税消费品、商业零售金银首饰、批发销售卷烟</td></tr>
<tr><td>税目</td><td>烟，酒，高档化妆品，贵重首饰及珠宝玉石，鞭炮、焰火，成品油，摩托车，小汽车，高尔夫球及球具，高档手表，游艇，木制一次性筷子，实木地板，电池，涂料15个税目</td></tr>
<tr><td>纳税义务人</td><td>在中华人民共和国境内生产、委托加工和进口应税消费品的单位和个人，以及国务院确定的销售《中华人民共和国消费税暂行条例》中规定的消费品的其他单位和个人</td></tr>
<tr><td>税率</td><td>我国现行消费税税率采用比例税率、定额税率和复合税率3种形式</td></tr>
<tr><td rowspan="10">应纳税额的计算</td><td rowspan="3">自产自销应税消费品应纳税额的计算</td><td>从价定率计算：
应纳消费税税额=应税消费品的销售额×适用税率</td></tr>
<tr><td>从量定额计算：
应纳消费税税额=应税消费品数量×单位税额</td></tr>
<tr><td>从价定率与从量定额复合计算：
应纳消费税税额=销售额×比例税率+销售数量×定额税率</td></tr>
<tr><td rowspan="2">自产自用应税消费品应纳税额的计算</td><td>用于连续生产应税消费品的，不纳税</td></tr>
<tr><td>用于生产非应税消费品和在建工程、管理部门、非生产机构、提供劳务、馈赠、赞助、集资、广告、样品、职工福利、奖励等方面的，均视同对外销售，并按照纳税人生产的同类消费品的销售价格计算，于移送使用时缴纳消费税；没有同类消费品销售价格的，按照组成计税价格计算纳税。
采用从价定率办法计算纳税的组成计税价格的计算公式为：
组成计税价格=（成本+利润）÷（1−比例税率）
采用复合计税办法计算纳税的组成计税价格的计算公式为：
组成计税价格=（成本+利润+自产自用数量×定额税率）÷（1−比例税率）</td></tr>
<tr><td>委托加工应税消费品应纳税额的计算</td><td>按照受托方的同类消费品的销售价格计算纳税(同类消费品销售价格的规定同自产自用)；没有同类消费品销售价格的，按照组成计税价格计算纳税。
采用从价定率办法计算纳税的组成计税价格的计算公式为：
组成计税价格=（材料成本+加工费）÷（1−比例税率）
采用复合计税办法计算纳税的组成计税价格的计算公式为：
组成计税价格=（材料成本+加工费+委托加工数量×定额税率）÷（1−比例税率）</td></tr>
<tr><td>进口应税消费品应纳税额的计算</td><td>纳税人进口的应税消费品，于报关进口时缴纳消费税，并由海关代征。
采用从价定率办法计算纳税的组成计税价格的计算公式为：
组成计税价格=（关税完税价格+关税）÷（1−消费税税率）
采用复合计税办法计算纳税的组成计税价格的计算公式为：
组成计税价格=（关税完税价格+关税+进口数量×定额税率）÷（1−比例税率）</td></tr>
<tr><td>准予从消费税应纳税额中抵扣税款的计算</td><td>为了避免重复征税，现行消费税税法规定，将外购应税消费品和委托加工收回的应税消费品用于继续生产应税消费品销售的，可以将外购应税消费品和委托加工收回的应税消费品已缴纳的消费税扣除</td></tr>
</table>

续表

知识类	知识点	具体内容
纳税申报	纳税义务发生时间	采用赊销和分期收款结算方式的，为书面合同约定的收款日期的当天； 采用预收货款结算方式的，为发出应税消费品的当天； 采用托收承付和委托银行收款方式的，为发出应税消费品并办妥托收手续的当天； 采用其他结算方式的，为收讫销售款或取得索取销售款凭据的当天； 纳税人自产自用应税消费品的，为移送使用的当天； 纳税人委托加工应税消费品的，为委托方提货的当天； 纳税人进口应税消费品的，为报关进口的当天
	纳税期限	分别为 1 日、3 日、5 日、10 日、15 日、1 个月或 1 个季度。 纳税人以 1 个月或 1 个季度为 1 个纳税期的，自期满之日起 15 日内申报纳税；以 1 日、3 日、5 日、10 日或 15 日为 1 个纳税期的，自期满之日起 5 日内预缴税款，于次月 1 日起 15 日内申报纳税并结清上月应纳税款。 纳税人进口应税消费品时，应当自海关填发海关进口消费税专用缴款书之日起 15 日内缴纳税款
	纳税环节	纳税人生产的应税消费品，由生产者于销售时纳税； 委托加工的应税消费品，由受托方向委托方交货时代扣代缴消费税； 进口的应税消费品，由进口报关者于报关进口时纳税； 金银首饰、铂金首饰、钻石及钻石饰品在零售环节纳税； 卷烟在批发环节增加一道复合税
	纳税地点	纳税人销售的应税消费品，以及自产自用的应税消费品，应当向纳税人机构所在地或居住地的主管税务机关申报纳税； 委托加工的应税消费品，除受托方为个人外，由受托方向机构所在地或居住地的主管税务机关解缴消费税税款； 进口的应税消费品，由进口人或代理人向报关地海关申报纳税

典型例题分析

一、单项选择题

1. 某酒厂为增值税一般纳税人，2018 年 5 月销售粮食白酒 3 吨，取得不含税收入 300 000 元，包装物押金 23 200 元。该企业包装物押金单独记账核算，货物已经发出。该酒厂本月应缴纳消费税（　　）元。

A. 64 000　　B. 64 680　　C. 67 000　　D. 67 680

［答案］C

［解析］纳税人销售粮食白酒的同时收取的押金，在收取时，就应换算为不含税收入并计入销售额中征收消费税：应纳消费税=（300 000+23 200÷1.16）×20%+3×2 000×0.5=67 000（元）。

2. 某金店采取以旧换新方式销售金银饰品，消费税的计税依据是（　　）。

A. 同类新金银饰品的销售价格　　B. 实际收取的含增值税的全部价款

C. 新金银饰品的组成计税价格　　D. 实际收取的不含增值税的全部价款

［答案］D

［解析］纳税人采取以旧换新（含翻新改制）方式销售金银首饰时，应以实际收取的不含增值

税的全部价款为计税依据征收消费税。

3. 企业生产的下列消费品中，无须缴纳消费税的是（　　）。

A. 地板企业生产的用于装修本企业办公室的实木地板

B. 汽车企业生产的用于本企业管理部门的轿车

C. 化妆品企业生产的作为交易会样品的高档化妆品

D. 卷烟企业生产的用于连续生产卷烟的烟丝

［答案］D

［解析］用于连续生产卷烟的烟丝，属于应税消费品用于连续生产应税消费品的情况，移送环节不缴纳消费税。

4. 某化妆品厂受托加工一批高档化妆品，委托方提供原材料成本 30 000 元，该厂收取加工费 10 000 元，代垫辅助材料款 5 000 元，该厂没有同类化妆品销售价格。该厂应代收代缴消费税（　　）元。以上款项均不含增值税。

A. 7 142.86　　B. 7 941.18　　C. 10 142.86　　D. 10 250.00

［答案］B

［解析］该厂应代收代缴的消费税=（30 000+10 000+5 000）÷（1−15%）×15%=7 941.18（元）。

5. 某日化厂将某品牌的高档化妆品与护肤品组成成套化妆品。其中，高档化妆品的生产成本为 90 元/套，护肤品的生产成本为 50 元/套。2018 年 3 月，将 100 套成套化妆品作为奖励发给职工。该日化厂上述业务应纳消费税（　　）元。成本利润率为 5%，消费税税率为 15%。

A. 1 667.65　　B. 2 200　　C. 2 207.15　　D. 2 594.12

［答案］D

［解析］应纳消费税=（90+50）×（1+5%）÷（1−15%）×15%×100=2 594.12（元）

6. 2018 年 5 月，某酒厂生产粮食白酒 100 吨，全部用于销售。当月取得不含税销售额 480 万元，同时收取品牌使用费 20 万元；当月月初库存外购粮食酒精价值 90 万元，当月购进粮食酒精价值 110 万元，月末库存外购粮食酒精价值 20 万元。该厂当月应纳消费税（　　）万元。

A. 55.42　　B. 96.00　　C. 99.42　　D. 109.45

［答案］D

［解析］酒精不属于应税消费品，故该厂当月应纳消费税=（480+20÷1.16）×20%+100×2 000×0.5÷10 000=109.45（万元）。

二、不定项选择题

甲公司为增值税一般纳税人，2018 年 5 月发生以下业务。

（1）从境外进口一批 A 高档化妆品，海关核定的关税完税价格为 200 万元。甲公司按规定缴纳了进口关税以及进口环节的增值税和消费税，并取得了海关开具的完税凭证。

（2）境内销售 A 高档化妆品，取得不含税销售额 300 万元。

（3）委托乙企业加工 B 高档化妆品，提供给乙企业的原材料的实际成本为 70 万元，支付给乙企业的加工费为 15 万元，以上两个数据均不含增值税。乙企业无同类化妆品销售价格。

（4）本月收回委托乙企业加工的 B 高档化妆品，全部对外销售，取得不含税销售额 120 万元。

已知：甲公司取得的扣税凭证均符合规定，并已在当月认证；进口 A 高档化妆品适用的关税税率为 2%；B 高档化妆品适用的消费税税率为 15%，适用的增值税税率为 16%。

要求：根据上述资料，回答下列第 1～5 小题。

1. 下列对甲公司进口的 A 高档化妆品应缴纳的消费税税额和增值税税额的计算中，正确的是（　　）。

A. 进口环节应缴纳的消费税税额为 30.6 万元

B. 进口环节应缴纳的消费税税额为 36 万元

C. 进口环节应缴纳的增值税税额为 32.64 万元

D. 进口环节应缴纳的增值税税额为 38.4 万元

2. 下列关于甲公司销售 A 高档化妆品的表述中，正确的是（　　）。

A. 销售 A 高档化妆品应缴纳增值税，且进口环节缴纳的增值税准予扣除

B. 销售 A 高档化妆品应缴纳增值税，但进口环节缴纳的增值税不得扣除

C. 销售 A 高档化妆品应缴纳消费税，且进口环节缴纳的消费税准予扣除

D. 销售 A 高档化妆品应缴纳消费税，但进口环节缴纳的消费税不得扣除

3. 下列关于甲公司委托加工 B 高档化妆品的表述中，正确的是（　　）。

A. 委托加工 B 高档化妆品应缴纳消费税的计税价格为 85 万元

B. 委托加工 B 高档化妆品应缴纳消费税的计税价格为 100 万元

C. 甲公司委托加工 B 高档化妆品应缴纳的消费税由乙企业向甲公司交货时代收代缴

D. 甲公司委托加工 B 高档化妆品应缴纳的消费税由甲公司向其机构所在地主管税务机关缴纳

4. 下列关于甲公司销售 B 高档化妆品的表述中，正确的是（　　）。

A. 甲公司销售 B 高档化妆品应缴纳增值税

B. 因为在委托加工环节已缴纳消费税，所以甲公司销售 B 高档化妆品时不需要缴纳消费税

C. 甲公司销售 B 高档化妆品时应当缴纳消费税，委托加工环节已缴纳的消费税准予扣除

D. 甲公司销售 B 高档化妆品时应当缴纳消费税，委托加工环节已缴纳的消费税不得扣除

5. 下列关于甲公司纳税期限的表述中，正确的是（　　）。

A. 进口 A 高档化妆品，应当自海关填发海关进口消费税专用缴款书之日起 14 日内缴纳税款

B. 进口 A 高档化妆品，应当自海关填发海关进口消费税专用缴款书之日起 15 日内缴纳税款

C. 甲公司申报缴纳 2018 年 5 月境内增值税的最后期限是 2018 年 6 月 10 日

D. 甲公司申报缴纳 2018 年 5 月境内增值税的最后期限是 2018 年 6 月 15 日

［答案及解析］

1. BD

解析：纳税人进口应税消费品时，按照组成计税价格和规定的税率计算应纳税额。采用从价定率办法计征消费税的，其计算公式为：组成计税价格=（关税完税价格+关税）÷（1−消费税税

率），进口环节应缴纳的消费税税额=组成计税价格×消费税比例税率，进口环节应缴纳的增值税税额=组成计税价格×增值税税率。

2. A

解析：甲公司销售 A 高档化妆品时缴纳增值税，不缴纳消费税，进口环节缴纳的增值税准予扣除。

3. BC

解析：委托加工应纳消费税的计算：组成计税价格=（材料成本+加工费）÷（1-消费税税率），应纳税额=组成计税价格×消费税比例税率；委托加工应税消费品时由受托方代收代缴消费税。

4. AC

解析：销售 B 高档化妆品时应缴纳增值税；委托方收回的应税消费品，以高于受托方计税价格出售的，需要按规定申报缴纳消费税，在计税时准予扣除受托方已代收代缴的消费税，因为甲公司销售 B 高档化妆品后取得不含税销售额 120 万元，而乙公司的计税价格为 100 万元，所以甲公司销售 B 高档化妆品还应缴纳消费税，且委托加工环节已缴纳的消费税准予扣除。

5. BD

解析：纳税人进口应税消费品时，应当自海关填发海关进口消费税专用缴款书之日起 15 日内缴纳税款。纳税人以 1 个月或 1 个季度为 1 个纳税期的，自期满之日起 15 日内申报纳税；以 1 日、3 日、5 日、10 日或 15 日为 1 个纳税期的，自期满之日起 5 日内预缴税款，于次月 1 日起 15 日内申报纳税并结清上月应纳税款。

三、实训题

实训目的：学习消费税和增值税应纳税额的计算方法。

实训资料：某市大型商贸公司为增值税一般纳税人，兼营商品加工、批发、零售和进出口业务，2018 年 5 月相关经营业务如下。

（1）进口高档化妆品一批，海关核定的关税完税价格是 170 万元，按规定申报缴纳了进口关税、消费税和增值税。

（2）受托加工高档化妆品一批，委托方提供的原材料不含税金额为 55 万元，加工结束后向委托方开具普通发票，收取加工费和添加辅助材料费（含税）共计 34.8 万元，该化妆品在当地无同类产品市场价格。

（3）收购免税农产品一批，支付收购价款 60 万元，支付运输费用 2 万元，取得运输业增值税专用发票，当月将购回免税农产品的 30%用于公司饮食部。

（4）购进其他商品，取得增值税专用发票，支付价款 200 万元，增值税 32 万元。

（5）将进口化妆品的 85%重新加工制作成套装化妆品，当月销售给其他商场并开具增值税专用发票，取得不含税销售额 450 万元；销售给消费者个人，开具普通发票，取得含税销售额 58 万元。

（6）销售除化妆品以外的其他商品，开具增值税专用发票，应收不含税销售额 300 万元。

（7）取得化妆品的逾期包装押金收入 11.6 万元。

已知：关税税率为 10%，高档化妆品消费税税率为 15%，农产品的扣除率为 12%；当月购销环节涉及的票据符合税法规定，并经过了税务机关认证。

实训要求：请按下列顺序完成计算任务。

（1）分别计算该公司进口环节应缴纳的关税、消费税、增值税。

（2）计算该公司加工环节应代收代缴的消费税。

（3）计算该公司国内销售环节应缴纳的消费税总和。

（4）计算该公司国内销售环节实现的销项税额总和。

（5）计算该公司国内销售环节准予抵扣的进项税额总和。

［解析］

（1）进口环节应缴纳的关税=170×10%=17（万元），

进口环节应缴纳的消费税=（170+17）÷（1−15%）×15%=33（万元），

进口环节应缴纳的增值税=（170+17）÷（1−15%）×16%=35.2（万元）。

（2）加工环节应代收代缴的消费税=［55+34.8÷（1+16%）］÷（1−15%）×15%=15（万元）。

（3）国内销售环节应缴纳的消费税总和=［450+58÷（1+16%）+11.6÷（1+16%）］×15%−33×85%=76.5−28.05=48.45（万元）。

（4）国内销售环节实现的销项税额总和=［34.8÷（1+16%）+450+58÷（1+16%）+300+11.6÷（1+16%）］×16%=134.4（万元）。

（5）国内销售环节准予抵扣的进项税额总和=35.2+（60×12%+2×10%）×（1−30%）+32=72.38（万元）。

职业能力训练

一、单项选择题

1. 根据消费税法律制度的规定，以下各项中，不征收消费税的是（　　）。

A. 高尔夫球　　B. 高尔夫球杆　　C. 高尔夫球包　　D. 高尔夫车

2. 下列环节中，既征收消费税又征收增值税的是（　　）。

A. 粮食白酒的生产和批发环节　　B. 金银首饰的生产和零售环节

C. 金银首饰的进口环节　　D. 高档化妆品的生产环节

3. 根据消费税法律制度的规定，下列单位中，属于消费税纳税义务人的是（　　）。

A. 进口金银首饰的单位　　B. 从事白酒批发的单位

C. 委托加工烟丝的单位　　D. 受托加工应税消费品的单位

4. 根据消费税法律制度的规定，下列销售额中，属于从价定率征收消费税计税依据的是（　　）。

A. 含增值税、不含消费税的销售额　　B. 含增值税、含消费税的销售额

C. 不含增值税、不含消费税的销售额　　D. 不含增值税、含消费税的销售额

5. 确定消费税的应税销售额时，下列各项中，不能计入销售额的是（　　）。

A. 消费税　　B. 价外收取的基金　C. 增值税　　D. 包装费

6. 2018 年 5 月，某汽车救援公司向甲汽车制造厂（增值税一般纳税人）订购自用小汽车 1

辆，支付货款 232 000 元（含税）、设计改装费 20 000 元。该汽车制造厂的税务处理方法应为（　　）（消费税税率为 5%）。

A. 应纳消费税 10 000 元，应纳增值税 0 元

B. 应纳消费税 11 000 元，应纳增值税 35 200 元

C. 应纳消费税 10 000 元，应纳增值税 32 000 元

D. 应纳消费税 10 862.07 元，应纳增值税 34 758.62 元

7. 某汽车厂为增值税一般纳税人，下设一非独立核算的门市部。2018 年 5 月，该厂将生产的一批汽车交门市部，计价 90 万元。门市部将其零售，取得含税销售额 116 万元。已知汽车的消费税税率为 3%，则该汽车厂此项业务应缴纳消费税税额（　　）万元。

A. 2.7　　B. 3.16　　C. 3　　D. 3.51

8. 根据消费税法律制度的规定，纳税人将自产的应税消费品用于换取生产资料、投资入股或抵偿债务等时，其计算消费税的计税依据是（　　）。

A. 同类应税消费品的成本价　　B. 同类应税消费品的最低价

C. 同类应税消费品的最高价　　D. 同类应税消费品的加权平均价

9. 某化妆品公司 2018 年 5 月销售给经销商甲高档化妆品（消费税税率 15%）100 箱，售价为 1 000 元/箱；销售给经销商乙同类高档化妆品 80 箱，售价为 1 200 元/箱。当月，还将 50 箱同类高档化妆品对外投资。那么，2018 年 5 月该化妆品公司应该缴纳消费税税额（　　）元。

A. 38 400　　B. 31 350　　C. 31 333.5　　D. 31 200

10. 纳税人将应税消费品与非应税消费品以及适用税率不同的应税消费品组成套装成套销售的，应按（　　）。

A. 应税消费品的平均税率计征消费税　　B. 应税消费品的最高税率计征消费税

C. 应税消费品的不同税率分别计征消费税　　D. 应税消费品的最低税率计征消费税

11. 根据消费税法律制度的规定，纳税人自产的用于下列用途的应税消费品，不需要缴纳消费税的是（　　）。

A. 广告　　B. 职工福利　　C. 对外赞助　　D. 连续生产应税消费品

12. 某卷烟厂研发生产了一种新型卷烟，当月生产 20 箱，作为礼品样品用于市场推广，没有同类产品市场销售价格。已知成本为 50 万元；卷烟的成本利润率为 10%；经税务机关批准，卷烟适用的比例税率为 56%，定额税率为 150 元/箱。该批卷烟应纳消费税（　　）万元。

A. 70.68　　B. 46.55　　C. 47.91　　D. 45.20

13. 某酒厂将自产的一种新型粮食白酒 5 吨作为职工福利，粮食白酒的成本共计 8 000 元。该粮食白酒无同类产品市场销售价格，已知其成本利润率为 10%，则该批粮食白酒应缴纳消费税税额（　　）元。

A. 7 200　　B. 4 290　　C. 8 450　　D. 3 450

14. 某市区卷烟厂 2018 年 5 月委托某县城烟丝加工厂（一般纳税人）加工一批烟丝，卷烟厂提供的烟叶在委托加工合同上注明的成本为 80 000 元。烟丝加工完后，卷烟厂提货时，加工厂开具的增值税专用发票上注明收取的加工费（含代垫辅料成本）为 12 000 元，增值税为 1 920 元，并代收代缴了消费税。烟丝的消费税税率为 30%，则该烟丝加工厂应代收代缴消

费税（　　）元。

A. 39 428.57　　B. 2 759.96　　C. 3 986.86　　D. 2 781.60

15. 根据消费税法律制度的规定，企业发生的下列行为中，不需要缴纳消费税的是（　　）。

A. 用自产的应税消费品换取生产资料

B. 用自产的应税消费品支付代扣手续费

C. 在销售数量之外另付给购货方自产的应税消费品作为奖励

D. 按不高于受托方同类消费品的价格直接销售委托加工收回的已税应税消费品

16. 某酒厂 2018 年 5 月购进粮食白酒 30 吨，取得的由防伪税控系统开具的增值税专用发票上注明价款 50 万元、增值税 8 万元，领用其中的 70%用于生产药酒。本月销售药酒 20 吨，取得不含税销售额 40 万元，并收取包装物押金 4.64 万元，药酒的消费税税率为 10%。该酒厂 2018 年 5 月应纳消费税（　　）万元。

A. 10　　B. 9.05　　C. 8.25　　D. 4.40

17. 下列各项中，外购应税消费品已纳消费税税款准予扣除的是（　　）。

A. 用外购已税白酒生产的药酒　　B. 用外购已税珠宝玉石生产的金银镶嵌首饰

C. 用外购已税白酒生产的酒心巧克力　　D. 用外购已税润滑油生产的润滑油

18. 下列各项中，符合消费税纳税义务发生时间规定的是（　　）。

A. 进口的应税消费品，为取得进口货物的当天

B. 自产自用的应税消费品，为移送使用的当天

C. 委托加工的应税消费品，为支付加工费的当天

D. 采用预收货款结算方式的，为收到预收款的当天

19. 根据消费税法律制度的规定，进口应税消费品时应当自（　　）缴纳消费税。

A. 应税消费品报关进口当天

B. 海关填发海关进口消费税专用缴款书之日起 15 日内

C. 海关填发海关进口消费税专用缴款书之日起 14 日内

D. 海关填发海关进口消费税专用缴款书次日起 7 日内

20. 根据消费税法律制度的规定，委托加工的应税消费品所缴纳的消费税，受托方解缴的地点是（　　）。

A. 委托方机构所在地税务机关　　B. 受托方所在地税务机关

C. 销售地主管税务机关　　D. 委托方核算地税务机关

21. 根据消费税法律制度的规定，下列关于消费税纳税地点的表述中，正确的是（　　）。

A. 纳税人销售应税消费品时向生产地的主管税务机关纳税

B. 纳税人销售应税消费品时向核算地的主管税务机关纳税

C. 纳税人销售应税消费品时向销售地的主管税务机关纳税

D. 纳税人销售应税消费品时向机构所在地或居住地的主管税务机关纳税

二、多项选择题

1. 下列各项中，属于消费税“化妆品”税目征收范围的有（　　）。

A. 口红　　B. 胭脂　　C. 眉笔　　D. 演员化妆用的上妆油

2. 下列各项中，属于消费税征收范围的有（　　）。

A. 汽油　　B. 柴油　　C. 植物油　　D. 航空煤油

3. 下列货物销售过程中，需要征收消费税的有（　　）。

A. 汽车销售公司代销小汽车　　B. 汽车修理厂销售汽车轮胎

C. 金店零售金银首饰　　D. 手表厂生产销售高档手表

4. 根据消费税法律制度的规定，下列单位中，属于消费税纳税人的有（　　）。

A. 生产销售应税消费品（金银首饰除外）的单位

B. 委托加工应税消费品的单位

C. 进口应税消费品的单位

D. 受托加工应税消费品的单位

5. 下列业务中，既缴纳增值税又缴纳消费税的有（　　）。

A. 酒厂将自产的白酒赠送给协作单位

B. 卷烟厂将自产的烟丝用于生产卷烟

C. 汽车厂将自产的应税小汽车赞助给某艺术节组委会

D. 地板厂将生产的新型实木地板奖励给有突出贡献的职工

6. 根据消费税法律制度的规定，下列业务中，应缴纳消费税的有（　　）。

A. 汽车厂赞助比赛用雪地车　　B. 酒厂以福利形式发放给职工白酒

C. 化妆品厂无偿发放香水，用于试用　　D. 金银饰品商店销售黄金饰品

7. 根据消费税法律制度的规定，下列关于消费税征税范围的表述中，正确的有（　　）。

A. 对卡丁车征收消费税

B. 对进口的石脑油征收消费税

C. 对用作乙烯原料的国产石脑油免征消费税

D. 对用外购货车改装的卫星通信车征收消费税

8. 根据消费税法律制度的规定，下列消费品生产经营环节中，既征收增值税又征收消费税的有（　　）。

A. 卷烟的批发环节　　B. 金银饰品的生产环节

C. 高档手表的生产环节　　D. 酒类产品的批发环节

9. 企业生产销售白酒取得的下列款项中，应并入销售额计征消费税的有（　　）。

A. 优质费　　B. 包装物租金　　C. 品牌使用费　　D. 包装物押金

10. 下列应税消费品中，采用定额税率征收消费税的是（　　）。

A. 白酒　　B. 啤酒　　C. 黄酒　　D. 汽油

11. 下列关于从量计征消费税计税依据确定方法的表述中，正确的有（　　）。

A. 销售应税消费品的，为应税消费品的销售数量

B. 进口应税消费品的，为纳税人自行申报的应税消费品数量

C. 自产自用应税消费品的，为应税消费品移送使用数量

D. 委托加工应税消费品的，为加工完成的应税消费品数量

12. 委托加工采用从价定率办法计算应税消费品消费税的，组成计税价格中应包括的项目有

（　　）。

A. 加工费用　　B. 委托方提供加工材料的实际成本

C. 受托方代垫辅助材料的价格　　D. 受托方代收代缴的消费税税额

13. 下列委托加工行为中，受托方（非个体工商户）应代收代缴消费税的有（　　）。

A. 某企业将外购汽车底盘及配件委托加工成小货车自用

B. 某企业委托加工一批化妆品，收回后作为福利发给职工

C. 某商场委托加工高档化妆品用于直接销售

D. 某企业将烟叶委托加工成烟丝，收回后继续生产卷烟

14. 根据消费税法律制度的规定，下列行为中，应征收消费税的有（　　）。

A. 某企业外购的大包装润滑油不经加工只贴商标后销售的

B. 某卷烟厂自产烟丝用于生产卷烟的

C. 某化妆品生产企业将外购化妆品大包装加工成小包装后销售的

D. 某企业收回委托加工的已税摩托车直接销售的

15. 根据消费税法律制度的有关规定，纳税人外购和委托加工的特定应税消费品，用于继续生产应税消费品的，已缴纳的消费税税款准予从应纳消费税税额中扣除。下列各项中，可以扣除已缴纳的消费税的有（　　）。

A. 以外购已税杆头、杆身和握把为原料生产的高尔夫球杆

B. 用委托加工收回的已税玉石生产的贵重首饰

C. 用外购的已税烟丝生产的雪茄烟

D. 以外购已税实木地板为原料生产的实木地板

16. 关于消费税纳税义务发生时间的下列表述中，正确的有（　　）。

A. 某酒厂销售葡萄酒，采取直接收款方式，其纳税义务发生时间为收款当天

B. 某汽车厂自产自用小汽车，其纳税义务发生时间为使用人实际使用的当天

C. 某烟花企业采用托收承付结算方式销售焰火，其纳税义务发生时间为发出焰火并办妥托收手续的当天

D. 某化妆品厂采用赊销方式销售高档化妆品，合同规定收款日期为 5 月 10 日，6 月 10 日收到货款，纳税义务发生时间为 5 月 10 日

17. 根据消费税纳税义务发生时间的规定，以合同约定的收款日期当天为纳税义务发生时间的有（　　）。

A. 自产自用应税消费品　　B. 采用分期收款方式销售应税消费品

C. 采用赊销结算方式销售应税消费品　　D. 采用预收货款方式销售应税消费品

三、判断题

1. 我国现行消费税的征税对象大多为最终消费品，因此选择在零售环节征收。（　　）

2. 从价征收消费税的计税依据为含消费税、不含增值税的销售额。（　　）

3. 金银首饰在零售环节征收消费税。（　　）

4. 纳税人自产自用的应税消费品用于连续生产应税消费品的，不纳税；用于生产非应税消费

品的，于移送使用时纳税。（　　）

5. 委托加工应税消费品时，受托方为消费税的纳税人。（　　）

6. 纳税人将不同税率的应税消费品组成成套消费品销售的，从高适用税率。（　　）

7. 如委托方只提供主要原材料，辅助材料由受托方提供，则受托方收取加工费加工出来的应税消费品按销售自制应税消费品处理，缴纳消费税。（　　）

8. 卷烟、白酒在生产、销售和进口环节，采用复合计税方法计算消费税，但在委托加工环节代收代缴消费税时，采用单一从价计税方法计算消费税。（　　）

9. 体育比赛中用的发令纸、鞭炮火药引线，按照“鞭炮、焰火”税目缴纳消费税。（　　）

10. 我国现行消费税中，采用单一定额税率的有啤酒、黄酒、成品油。（　　）

11. 白酒在批发环节再征收一道复合税。（　　）

12. 纳税人用于投资入股的应税消费品，应当以纳税人同类应税消费品的平均销售价格为计税依据计算消费税。（　　）

13. 委托加工的应税消费品，按照受托方同类消费品的销售价格计算缴纳消费税；没有同类消费品销售价格的，按照组成计税价格计算消费税。（　　）

14. 纳税人进口的应税消费品，由进口报关者于报关进口时纳税。（　　）

15. 对于委托加工的应税消费品，受托方为个人的，由委托方向机构所在地的主管税务机关申报纳税。（　　）

四、不定项选择题

（一）

甲企业为增值税一般纳税人，主要生产和销售高档化妆品。2018 年 5 月，其有关经济业务如下。

（1）销售高档香水，取得不含增值税价款 200 万元，另收取品牌使用费 11.6 万元。

（2）受托加工高档睫毛膏，收取不含增值税加工费 3 万元，委托方提供的原材料成本为 82 万元，甲企业无同类产品销售价格。

（3）销售高档口红两批，第一批的不含增值税价格为 0.5 万元/箱，共 100 箱；第二批的不含增值税价格为 0.45 万元/箱，共 200 箱。

（4）将 20 箱高档口红赞助给国内某化妆品展销会。

已知：高档化妆品适用的增值税税率为 16%，消费税税率为 15%。

要求：根据上述资料，不考虑其他因素，回答下列第 1～4 小题。

1. 关于甲企业本月销售高档香水应缴纳的消费税税额，下列计算正确的是（　　）万元。

A. 200×15%=30　　B.（200+11.6）×15%=31.74

C.（200+11.6）÷（1+16%）×15%=27.36　　D.［200+11.6÷（1+16%）］×15%=31.5

2. 关于甲企业受托加工高档睫毛膏应代收代缴的消费税税额，下列计算正确的是（　　）万元。

A. 82×15%=12.3　　B.（82+3）×15%=12.75

C.（82+3）÷（1−15%）×15%=15　　D.（82+3）÷（1+15%）×15%=11.09

3. 关于甲企业销售高档口红的增值税和消费税税额，下列计算正确的是（　　）万元。

A. 甲企业销售高档口红共应确认增值税销项税额=（0.5×100+0.45×200）×16%=22.4

B. 甲企业销售高档口红共应确认增值税销项税额=0.5×（100+200）×16%=24

C. 甲企业销售高档口红应缴纳的消费税=（0.5×100+0.45×200）×15%=21

D. 甲企业销售高档口红应缴纳的消费税=0.5×（100+200）×15%=22.5

4. 关于甲企业将高档口红赞助给国内某化妆品展销会应缴纳的消费税，下列计算正确的是（　　）万元。

A. 0.45×20×15%=1.35

B. 0.5×20×15%=1.5

C.（0.5+0.45）÷2×20×15%=1.425

D.（0.5×100+0.45×200）÷（100+200）×20×15%=1.400

（二）

甲公司为增值税一般纳税人，主要从事汽车销售和维修业务。2018 年 5 月，其有关经济业务如下。

（1）进口小汽车一批，取得海关进口增值税专用缴款书，其上注明增值税税额 125 万元。

（2）购进维修用原材料及零配件，取得增值税专用发票，其上注明税额 80 万元。

（3）为购进上述维修用原材料及零配件支付运输费，取得增值税专用发票，其上注明税额 1 万元。

（4）销售进口小汽车，取得含税销售额 7 286.25 万元。

（5）销售给小规模纳税人小汽车内部装饰品，取得含税销售额 92.7 万元。

（6）销售小汽车零配件，取得含税销售额 18.85 万元。

（7）对外提供汽车维修服务，取得含税销售额 261 万元。

已知：销售货物适用的增值税税率为 16%，提供修理修配劳务适用的增值税税率为 16%，取得的增值税专用发票和专用缴款书均通过认证。

要求：根据上述资料，不考虑其他因素，回答下列小题。

1. 下列关于甲公司当月准予抵扣进项税额的计算中，正确的是（　　）万元。

A. 125+1=126　　B. 125+80=205　　C. 125+80+1=206　D. 80+1=81

2. 甲公司当月发生的下列业务中，应按“销售货物”税目申报缴纳增值税的是（　　）。

A. 销售进口小汽车　　B. 销售小汽车内部装饰品

C. 销售小汽车零配件　　D. 提供汽车维修服务

3. 下列关于甲公司当月增值税销项税额的计算中，正确的是（　　）万元。

A. 销售进口小汽车的销项税额=7 286.25÷（1+16%）×16%=1 005

B. 销售小汽车内部装饰品的销项税额=92.7÷（1+3%）×3%=2.7

C. 销售小汽车零配件的销项税额=18.85÷（1+16%）×16%=2.6

D. 提供汽车维修服务的销项税额=261÷（1+16%）×16%=36

4. 甲公司发生的下列业务中，应缴纳消费税的是（　　）。

A. 销售小汽车内部装饰品　　B. 提供汽车维修服务

C. 销售进口小汽车　　　　　　　　D. 进口小汽车

五、实训题

（一）

实训目的：学习进口环节、自产自用环节及委托加工环节消费税的计算方法。

实训资料：甲化妆品公司为增值税一般纳税人，主要从事高档化妆品的生产、进口和销售业务。2018 年 5 月，其发生以下经济业务。

（1）从国外进口一批化妆品，海关核定的关税完税价格为 102 万元，公司按规定向海关缴纳了关税、消费税和进口环节增值税，并取得了相关完税凭证。

（2）作为职工福利，向公司职工发放一批新研发的化妆品。该批化妆品不含增值税的销售价格为 75 万元。

（3）委托乙公司加工一批化妆品，提供的材料成本为 80 万元，支付乙公司加工费 5 万元，当月收回该批委托加工的化妆品，乙公司没有同类消费品销售价格。

已知：化妆品适用的消费税税率为 15%、增值税税率为 16%、关税税率为 25%。

实训要求：根据上述资料完成下列计算任务。

（1）计算该公司当月进口环节应缴纳的消费税和增值税税额。

（2）计算该公司当月作为职工福利发放的化妆品应缴纳的消费税和增值税税额。

（3）计算乙公司受托加工的化妆品在交货时应代收代缴的消费税税额。

（二）

实训目的：学习酒类应税消费品应纳税额的计算方法。

实训资料：某酒厂是增值税一般纳税人，适用的增值税税率为 16%。2018 年 5 月，其购进免税粮食一批，支付价款 30 000 元，已验收入库；购进设备一台，增值税专用发票上注明的价款和税款分别为 100 000 元和 16 000 元。本月销售粮食白酒 5 吨，取得不含税销售额 200 000 元；销售啤酒 100 吨，每吨不含税出厂价格为 2 500 元。

已知：免税农产品的扣除率是 12%；白酒的消费税比例税率为 20%，定额税率为 0.5 元/斤；增值税税率为 16%。

实训要求：根据上述资料计算该厂本月应纳增值税和消费税。

（三）

实训目的：学习消费税应纳税额的计算方法。

实训资料：某白酒生产企业为增值税一般纳税人，适用 16%的增值税税率。2018 年 5 月，其发生以下业务。

（1）向某烟酒专卖店销售粮食白酒 15 吨，开具普通发票，取得含税收入 200 万元，另收取品牌使用费 30 万元、包装物租金 2 万元。

（2）提供 8 万元的原材料，委托乙企业加工散装药酒 1 000 千克。收回时向乙企业支付不含增值税的加工费 1 万元，乙企业已代收代缴消费税。

（3）委托加工药酒收回后，将其中 900 千克散装药酒加工成瓶装药酒 1 800 瓶，以每瓶不含税价格 100 元通过非独立核算门市部销售完毕；将剩余的 100 千克散装药酒作为福利分给职工，同类药酒的不含税销售价格为每千克 150 元。

已知：药酒适用的消费税税率为 10%，白酒适用的消费税比例税率为 20%，定额税率为 0.5 元/斤，增值税税率为 16%。

实训要求：根据上述资料完成下列计算任务。

（1）计算本月该白酒生产企业向专卖店销售白酒应缴纳的消费税。

（2）计算乙企业已代收代缴的消费税税额。

（3）计算该白酒生产企业销售药酒应缴纳的消费税。

（四）

实训目的：学习外购应税消费品已纳税额的扣除方法。

实训资料：甲卷烟厂为增值税一般纳税人。2018 年 5 月，其有关生产经营情况如下。

（1）从乙烟丝厂购进已税烟丝 20 吨，每吨不含税单价为 2 万元，取得乙烟丝厂开具的增值税专用发票，其上注明货款 40 万元、增值税 6.4 万元，烟丝已验收入库。

（2）委托丙烟丝厂加工一批烟丝，卷烟厂提供的烟叶成本为 10 万元。烟丝加工完毕后，取得丙烟丝厂开具的增值税专用发票，其上注明加工费 1 万元、增值税 0.16 万元。甲卷烟厂收回烟丝时，丙烟丝厂未代收代缴消费税。

（3）甲卷烟厂生产领用外购已税烟丝 15 吨，生产卷烟 2 000 标准箱。当月销售给卷烟专卖商 1 800 箱，取得不含税销售额 1 800 万元。

已知：烟丝适用的消费税税率为 30%；卷烟适用的消费税比例税率为 36%，定额税率为 150 元/箱。

实训要求：计算甲卷烟厂 2018 年 5 月应缴纳的消费税税额。

项目四
关税

学习指导

一、学习目标

掌握关税的纳税义务人、征税对象、税率及税收优惠；

掌握进口关税和出口关税的计算；

了解关税的纳税申报。

二、重点

进口关税完税价格的确定；

出口关税完税价格的确定。

三、难点

以成交价格为基础的关税完税价格的确定。

四、主要知识

知识类	知识点	具体内容
基本要素	征税范围	进出我国国境或关境的货物和物品
	纳税义务人	进口货物的收货人、出口货物的发货人、进境物品的所有人
	税则、税目	一般包括两部分：一部分是海关课征关税的规章条例及说明，另一部分是关税税目税率表
	税率	进口关税设普通税率、最惠国税率、协定税率、特惠税率、关税配额税率。 我国对绝大部分出口货物不征收出口关税，只对少数产品征收出口关税
关税减免	法定减免	关税税额在人民币 50 元以下的一票货物； 无商业价值的广告品和货样； 外国政府、国际组织无偿赠送的物资； 在海关放行前损失的货物； 进出境运输工具装载的途中必需的燃料、物料和饮食用品
应纳税额的计算	进口关税的计算	进口关税的计算公式为： 进口货物的关税=进口货物的完税价格×进口关税税率
		以成交价格为基础的完税价格：进口货物的完税价格由成交价格以及该货物运抵中华人民共和国境内输入地点起卸前的运输及其相关费用、保险费为基础审查确定
		进口货物海关估价方法：进口货物的价格不符合成交价格条件或者成交价格不能确定的，海关应当依次以相同货物成交价格法、类似货物成交价格法、倒扣价格法、计算价格法以及其他合理方法确定的价格为基础，估定完税价格
	出口关税的计算	出口关税的计算公式为： 出口货物的关税=出口货物的完税价格×出口关税税率
		以成交价格为基础的完税价格：出口货物的完税价格由海关以该货物的成交价格以及该货物运至境内输出地点装载前的运输费、保险费及其相关费用为基础审查确定。出口关税不计入完税价格。其计算公式为： 出口货物的完税价格=离岸价格÷（1+出口关税税率）
		出口货物海关估价方法：出口货物的成交价格不能确定时，由海关估价确定
纳税申报	纳税义务发生时间	进口货物的纳税义务人应当自运输工具申报进境之日起 14 日内，出口货物的纳税义务人应当在货物运抵海关监管区后、装货的 24 小时以前，向货物的进出境地海关申报
	纳税期限	纳税义务人应当自海关填发税款缴款书之日起 15 日内向指定银行缴纳税款
	纳税地点	经申请后海关同意，进（出）口货物的纳税人可以在设有海关的指定地（启运地）办理海关申报、纳税手续

典型例题分析

一、单项选择题

1. 下列各项中，不属于关税征税对象的是（　　）。

A. 入境的个人邮递物品　　B. 入境旅客随身携带的行李和物品

C. 贸易性商品　　D. 出境旅游随身携带的行李和物品

［答案］D

［解析］关税的征税对象是准许进出境的货物和物品。货物是指贸易性商品，物品是指入境旅客随身携带的行李物品、个人邮递物品、各种运输工具上服务人员入境时携带的进口自用物品和馈赠物品以及采用其他方式进境的个人物品。

2. 根据关税法律制度的规定，原产于与中华人民共和国签订了含有关税优惠条款的区域性贸易协定的国家或地区的进口货物，适用的关税税率是（　　）。

A. 协定税率　　B. 最惠国税率　　C. 特惠税率　　D. 普通税率

［答案］A

［解析］协定税率适用于原产于与中华人民共和国签订了含有关税优惠条款的区域性贸易协定的国家或者地区的进口货物。

3. 甲公司进口一台机器设备，成交价格为404万元人民币，境内运费和保险费共1.5万元，成交价格中包含甲公司向其采购代理人支付的购货佣金4万元，进口关税税率为15%，则甲公司应纳进口关税（　　）万元。

A. 60　　B. 60.6　　C. 60.23　　D. 60.83

［答案］A

［解析］进口货物的完税价格由成交价格以及该货物运抵中华人民共和国境内输入地点起卸前的运输及其相关费用、保险费为基础审查确定，由买方负担的购货佣金不得计入关税的完税价格。甲公司应纳进口关税为（404−4）×15%=60（万元）。

4. 纳税义务人或他们的代理人应在海关填发税款缴款书之日起（　　）内，向指定银行缴纳税款。

A. 15日　　B. 30日　　C. 7日　　D. 10日

［答案］A

［解析］纳税义务人或他们的代理人应在海关填发税款缴款书之日起15日内，向指定银行缴纳税款。

二、多项选择题

出口货物的完税价格，由海关以该货物向境外销售的成交价格为基础审查确定，并应包括货物运至我国境内输出地点装载前的（　　）。

A. 运输及其相关费用　　B. 保险费

C. 单独列明支付给境外采购代理人的佣金　　D. 出口关税税额

［答案］AB

［解析］出口货物的完税价格由海关以该货物向境外销售的成交价格为基础审查确定，并应包括货物运至我国境内输出地点装载前的运输及其相关费用、保险费，但其中包含的出口关税税额应当扣除。出口货物成交价格是指该货物出口销售到我国境外时买方向卖方实付或应付的价格。出口货物成交价格中含有支付给境外采购代理人的佣金的，如果单独列明，应予扣除。

三、实训题

实训目的：学习进口关税和进口增值税的计算方法。

实训资料：甲商贸公司为增值税一般纳税人。2018 年 5 月，其发生如下经济业务。5 日，进口一批货物，国外买价为 250 万元，另支付该批货物运抵我国海关前发生的包装费 3 万元、运输费 15 万元、保险费 13 万元。货物报关时，按规定缴纳了进口环节的增值税并取得了海关进口增值税专用缴款书。随后又支付了国内运输费，取得的增值税专用发票上注明金额为 5 万元，增值税税额 0.5 万元。

已知：货物进口关税税率为 10%，增值税税率为 16%。

实训要求：分别计算公司进口环节应缴纳的进口关税和增值税。

［解析］进口货物运抵境内输入地点起卸后的运输及其相关费用、保险费不计入关税完税价格。

进口环节应纳关税=（250+3+15+13）×10%=28.1（万元），

进口环节应纳增值税=（250+3+15+13+28.1）×16%=49.456（万元）。

职业能力训练

一、单项选择题

1. 下列选项中，不属于关税纳税义务人的是（　　）。

A. 进口货物的收货人　　B. 出口货物的发货人

C. 进境物品的所有人　　D. 进口货物的发货人

2. 进境物品的纳税义务人不包括（　　）。

A. 携带物品进境的入境人员　　B. 进境物品的收件人

C. 以其他方式进口物品的收件人　　D. 进境物品的邮寄人

3. 下列选项中，不属于关税征税对象的是（　　）。

A. 从国外进口的设备　　B. 企业出口的设备

C. 国家禁止出口的物品　　D. 入境旅客随身携带的行李物品

4. 根据关税法律制度的规定，下列进口货物中，实行从量计征进口关税的是（　　）。

A. 摄影机　　B. 啤酒　　C. 放像机　　D. 小汽车

5. 原产于与中华人民共和国签订了含有特殊关税优惠条款的贸易协定的国家或地区的进口货物，适用的关税税率为（　　）。

A. 协定税率　　B. 最惠国税率　　C. 特惠税率　　D. 普通税率

6. 下列各项中，符合关税法定免税规定的是（　　）。

A. 保税区进出口的基建物资和生产用车辆

B. 边境贸易进出口的基建物资和生产用车辆

C. 关税税款在人民币 50 元以下的一票货物

D. 残疾人专用品

7. 进口货物完税价格是指货物的（　　）。

A. 以成交价格为基础的完税价格　　B. 以到岸价格为基础的完税价格

C. 组成计税价格　　　　D. 实际支付金额

8. 以境外边境口岸价格条件成交的铁路或公路运输进口货物，海关应当按照货价的（　　）计算运输及其相关费用、保险费。

A. 5‰　　B. 3‰　　C. 3%　　D. 1%

9. 我国现行关税大多实行从价计征，其计税依据是（　　）。

A. 货物采购地的批发价　　　　B. 进出口应税货物的完税价格

C. 货物采购地的零售价格　　　　D. 货物的成本价加利润

10. 纳税义务人因不可抗力或者在国家税收政策调整的情形下不能按期缴纳税款的，经海关总署批准，可以延期缴纳税款，但是最长不得超过（　　）。

A. 30 日　　B. 60 日　　C. 3 个月　　D. 6 个月

二、多项选择题

1. 下列各项中，属于关税纳税义务人的有（　　）。

A. 进口货物的收货人　　　　B. 出口货物的发货人

C. 进境物品的携带人　　　　D. 邮递出口物品的收件人

2. 下列各项中，经海关审查无误后可以免征关税的有（　　）。

A. 关税税额为人民币 100 元的一票货物

B. 无商业价值的广告品和货样

C. 外国公司无偿赠送的物资

D. 进出境运输工具装载的途中必需的燃料、物料和饮食用品

3. 下列各项中，应当计入进口货物关税完税价格的有（　　）。

A. 由买方负担的购货佣金　　　　B. 由买方负担的境外包装材料费用

C. 由买方负担的境外包装劳务费用　　　　D. 由买方负担的与进口货物视为一体的容器费用

4. 下列各项中，应计入出口货物完税价格的有（　　）。

A. 出口关税税额

B. 该货物向境外销售的成交价格

C. 货物运至我国境内输出地点装载前的保险费用

D. 货物运至我国境内输出地点装载后的运输费用

5. 下列关于关税申报时间的说法中，不符合我国关税法规定的是（　　）。

A. 进口货物自运输工具申报进境之日起 14 日内，出口货物在运抵海关监管区后装货的 12 小时以前

B. 进口货物自运输工具申报进境之日起 15 日内，出口货物在运抵海关监管区后卸货的 24 小时以前

C. 进口货物自运输工具申报进境之日起 14 日内，出口货物在运抵海关监管区后装货的 15 日以内

D. 进口货物自运输工具申报进境之日起 14 日内，出口货物在运抵海关监管区后装货的 24 小时以前

三、判断题

1. 入境旅客随身携带的行李物品不属于关税的征税对象。 (　　)

2. 原产地不明的进口货物，适用普通税率。 (　　)

3. 在海关放行前损失的货物，可以根据海关认定的受损程度减征关税。 (　　)

4. 出口货物的离岸价格包含离境口岸至境外口岸之间的运输、保险费。 (　　)

5. 纳税义务人未按期缴纳关税税款的，从滞纳税款之日起，按日加收滞纳税款万分之五的滞纳金。 (　　)

四、不定项选择题

甲公司为增值税一般纳税人，主要从事高档化妆品的生产和销售业务。2018 年 5 月，其有关经营情况如下。

（1）进口一批高档化妆品 A，海关审定的货价为 120 万元，运抵我国关境内输入地点起卸前的包装费为 10 万元，运输费为 15 万元，保险费为 5 万元。

（2）接受乙公司委托，加工一批高档化妆品 B，不含增值税的加工费为 5 万元，乙公司提供原材料成本 80 万元，该批高档化妆品 B 无同类产品销售价格。

（3）销售高档化妆品 C，取得不含增值税价款 696 万元，另收取包装费 5.8 万元。

已知：高档化妆品适用的消费税税率为 15%，关税税率为 10%，增值税税率为 16%。

要求：根据上述资料，不考虑其他因素，回答下列问题。

1. 甲公司进口高档化妆品 A 的下列各项支出中，应计入进口货物关税完税价格的是（　　）万元。

A. 包装费 10　　B. 保险费 5　　C. 运输费 15　　D. 货价 120

2. 甲公司进口高档化妆品 A 应缴纳的消费税税额的下列计算式中，正确的是（　　）万元。

A. （120+10）×（1+10%）×15%=21.45

B. （120+10+5）×（1+10%）×15%=22.275

C. （120+10+15+5）×（1+10%）÷（1−15%）×15%=29.118

D. （10+15+5）×（1+10%）÷（1−15%）×15%=5.824

3. 甲公司受托加工高档化妆品 B 应代收代缴消费税税额的下列计算式中，正确的是（　　）万元。

A. （80+5）×15%=12.75　　B. （80+5）÷（1−15%）×15%=15

C. ［80÷（1−15%）+5］×15%=14.868　　D. （80+5）÷（1+15%）×15%=11.087

4. 甲公司销售高档化妆品 C 应缴纳消费税税额的下列计算式中，正确的是（　　）万元。

A. 696÷（1+15%）×15%=90.783　　B. ［696+5.8÷（1+16%）］×15%=105.15

C. （696+5.8）×15%=105.27　　D. 696×15%=104.4

五、实训题

（一）

实训目的：学习进口环节关税、增值税、消费税的计算方法。

实训资料：某化妆品生产企业为增值税一般纳税人，2018 年 10 月上旬从国外进口一批散装高档化妆品，关税完税价格为150万元。当月企业将进口散装化妆品的80%生产加工为成套化妆品800件，对外批发销售600件，取得不含税销售额190万元；向消费者零售80件，取得含税销售额37.12万元。

已知：化妆品适用的进口关税税率为6%，消费税税率为15%，增值税税率为16%。

实训要求：按顺序完成下列计算任务。

（1）计算该企业在进口环节应缴纳的关税、消费税、增值税。

（2）计算该企业在国内生产销售环节应缴纳的增值税、消费税。

（二）

实训目的：学习进口关税完税价格的确定方法。

实训资料：甲公司主要从事高档化妆品的进口和生产销售业务。2018年5月，其发生如下业务。

（1）从境外进口一批A化妆品，支付境外价款180万元，支付境外采购代理人购货佣金5万元，支付运抵我国海关地起卸前的运输费16万元、保险费和装卸费4万元，支付海关地运往该企业的运输费6万元、装卸费和保险费共计2万元。甲公司按规定缴纳了进口关税以及进口环节的增值税和消费税，并取得了海关开具的完税凭证。

（2）委托乙企业加工B化妆品，提供给乙企业原材料的实际成本为80万元，支付给乙企业的加工费为5万元，以上两个数据均不含增值税。乙企业无同类化妆品销售价格。

已知：甲公司取得的扣税凭证均符合规定，并已在当月认证；进口A化妆品适用的关税税率为6.25%；化妆品适用的消费税税率为15%，适用的增值税税率为16%。

实训要求：按顺序完成下列计算任务。

（1）进口A化妆品应缴纳的进口关税、进口消费税和进口增值税。

（2）乙企业受托加工B化妆品应代收代缴的消费税。

项目五
企业所得税

学习指导

一、学习目标

- 掌握企业所得税的纳税义务人、征税对象和税率；
- 了解企业所得税的税收优惠政策；
- 掌握企业所得税的计税依据；
- 会正确计算企业所得税的应纳税额；
- 熟悉资产的税务处理；
- 会正确填写企业所得税纳税申报表。

二、重点

- 收入的确定；
- 税法规定的扣除标准的应用；
- 亏损的弥补；
- 资产的税务处理；
- 应纳税额的计算；
- 税收优惠政策；
- 纳税申报。

三、难点

- 应纳税所得额的确定；
- 纳税调整；
- 纳税申报表的填制；
- 境外所得已纳税额的抵免。

四、主要知识

<table>
<tr><th>知识类</th><th>知识点</th><th colspan="3">具体内容</th></tr>
<tr><td rowspan="11">基本要素</td><td rowspan="4">纳税义务人</td><td rowspan="2">居民企业</td><td colspan="2">依法在我国境内成立的企业</td></tr>
<tr><td colspan="2">依照外国（地区）法律成立但实际管理机构在我国境内的企业</td></tr>
<tr><td rowspan="2">非居民企业</td><td colspan="2">依照外国（地区）法律成立且实际管理机构不在我国境内，但在我国境内设立机构、场所的企业</td></tr>
<tr><td colspan="2">在我国境内未设立机构、场所，但有来源于我国境内所得的企业</td></tr>
<tr><td rowspan="3">征税对象</td><td colspan="3">居民企业应当就其来源于我国境内、境外的所得缴纳企业所得税</td></tr>
<tr><td colspan="3">非居民企业在我国境内设立机构、场所的，应当就其所设机构、场所取得的来源于我国境内的所得，以及发生在我国境外但与其所设机构、场所有实际联系的所得，缴纳企业所得税</td></tr>
<tr><td colspan="3">非居民企业在我国境内未设立机构、场所的，或者虽设立了机构、场所，但取得的所得与其所设机构、场所没有实际联系的，应当就其来源于我国境内的所得缴纳企业所得税</td></tr>
<tr><td rowspan="4">税率</td><td>基本税率</td><td>25%</td><td>适用于居民企业和在我国境内设有机构、场所且所得与机构、场所有实际联系的非居民企业</td></tr>
<tr><td>低税率</td><td>20%减按 10%</td><td>适用于在我国境内未设立机构、场所的，或者虽设立了机构、场所但所得与机构、场所没有实际联系的非居民企业</td></tr>
<tr><td rowspan="2">优惠税率</td><td>20%</td><td>符合条件的小型微利企业</td></tr>
<tr><td>15%</td><td>国家重点扶持的高新技术企业</td></tr>
<tr><td rowspan="6">税收优惠</td><td rowspan="4">免税收入</td><td colspan="3">国债利息收入</td></tr>
<tr><td colspan="3">符合条件的居民企业之间股息、红利等权益性投资收益</td></tr>
<tr><td colspan="3">在我国境内设立机构、场所的非居民企业，从居民企业中取得的与该机构、场所有实际联系的股息、红利等权益性投资收益</td></tr>
<tr><td colspan="3">符合条件的非营利组织的收入</td></tr>
<tr><td rowspan="2">企业从事农、牧、渔业项目的所得</td><td>免税项目</td><td colspan="2">蔬菜、谷物、薯类、油料、豆类、棉花、麻类、糖料、水果、坚果的种植，农作物新品种的选育，中药材的种植，林木的培育和种植，牲畜、家禽的饲养，林产品的采集，灌溉、农产品初加工、兽医、农技推广、农机作业和维修等农、林、牧、渔服务业项目，远洋捕捞</td></tr>
<tr><td>减半征收项目</td><td colspan="2">花卉、茶及其他饮料作物和香料作物的种植，海水养殖、内陆养殖</td></tr>
</table>

续表

知识类	知识点	具体内容
税收优惠	从事国家重点扶持的公共基础设施项目投资经营的所得，从事符合条件的环境保护、节能节水项目的所得	自项目取得第一笔生产经营收入所属纳税年度起，第一年至第三年免征企业所得税，第四年至第六年减半征收企业所得税
	符合条件的技术转让所得	不超过 500 万元的部分，免征企业所得税；超过 500 万元的部分，减半征收企业所得税
	民族自治地方的优惠	民族自治地方的自治机关对本民族自治地方的企业应缴纳的企业所得税中属于地方分享的部分，可以决定减征或者免征
	加计扣除优惠	研发费用未形成无形资产计入当期损益的，在按照规定据实扣除的基础上，按照研究开发费用的 50%加计扣除；形成无形资产的，按照无形资产成本的 150%摊销
		安置残疾人员所支付的工资在据实扣除的基础上，按照支付给残疾职工工资的 100%加计扣除
	创业投资企业优惠	创业投资企业采取股权投资方式投资未上市的中小高新技术企业 2 年以上的，可以按照其投资额的 70%在股权持有满 2 年的当年抵扣该创业投资企业的应纳税所得额；当年不足抵扣的，可以在以后的纳税年度结转抵扣
	加速折旧优惠	企业的固定资产由于技术进步等原因，确需加速折旧的，可以缩短折旧年限或者采取加速折旧的方法。采取缩短折旧年限方法的，最低折旧年限不得低于法定折旧年限的 60%
	减计收入优惠	企业综合利用资源，生产国家非限制和禁止并符合国家和行业相关标准的产品取得的收入，减按 90%计入收入总额
	税额抵免优惠	企业购置并实际使用环境保护、节能节水、安全生产等专用设备的，该专用设备投资额的 10%可以从企业当年的应纳税额中抵免；当年不足抵免的，可以在以后 5 个纳税年度结转抵免
收入的确定	收入总额	销售货物收入，提供劳务收入，转让资产收入，股息、红利等权益性投资收益，利息收入，租金收入，特许权使用费收入，接受捐赠收入，其他收入
	不征税收入	财政拨款，依法收取并纳入财政管理的行政事业性收费、政府性基金，国务院规定的其他不征税收入
税法允许扣除项目的范围和标准	工资、薪金支出	企业发生的合理的工资、薪金支出税前据实扣除
	职工福利费支出	不超过工资、薪金总额 14%的部分，准予扣除
	工会经费	不超过工资、薪金总额 2%的部分，准予扣除
	职工教育经费支出	不超过工资、薪金总额 8%的部分，准予扣除；超过部分准予在以后纳税年度结转扣除

续表

知识类	知识点	具体内容
税法允许扣除项目的范围和标准	社会保险费	“五险一金”准予扣除；补充养老保险费、补充医疗保险费准予扣除；为特殊工种职工支付的人身安全保险费准予扣除；企业为投资者或者职工支付的商业保险费，不得扣除
	借款费用	企业在生产经营活动中发生的合理的、不需要资本化的借款费用，准予扣除
	利息费用	向金融企业借款的利息支出，准予扣除； 向非金融企业借款的利息支出，不超过按照金融企业同期同类贷款利率计算的数额部分，准予扣除
	汇兑损失	准予扣除
	公益性捐赠支出	不超过年度利润总额 12%的部分，准予扣除；未在当年税前扣除的部分，准予向以后年度结转扣除，但结转年限自捐赠发生年度的次年起计算，最长不超过 3 年
	业务招待费	按照发生额的 60%扣除，但最高不得超过当年销售（营业）收入的 5‰
	广告费与业务宣传费	不超过当年销售（营业）收入 15%的部分，准予扣除；超过部分，准予在以后纳税年度结转扣除
	环境保护专项资金	准予扣除
	租赁费	经营租赁费用按照租赁期限均匀扣除 融资租赁应当提取折旧费用，分期扣除
	劳动保护费	准予扣除
	有关资产的费用	准予扣除
	总机构分摊的费用	非居民企业在我国境内设立的机构、场所，就其我国境外总机构发生的与该机构、场所生产经营有关的费用，能够提供总机构出具的费用汇集范围、定额、分配依据和方法等证明文件，并合理分摊的，准予扣除
	不得扣除的项目	向投资者支付的股息、红利等权益性投资收益款项； 企业所得税税款； 税收滞纳金； 罚金、罚款和被没收财物的损失； 超过税法规定允许扣除范围的公益性捐赠支出及非公益性捐赠支出； 赞助支出； 未经核定的准备金支出； 不符合规定的其他费用； 与取得收入无关的其他各项支出
亏损弥补	亏损的结转弥补	纳税人发生年度亏损的，可以用下一纳税年度的所得弥补；下一纳税年度的所得不足以弥补的，可以逐年延续弥补，但是延续弥补期不得超过 5 年

续表

知识类	知识点	具体内容
资产的税务处理	固定资产的税务处理	固定资产按照直线法计算的折旧，准予扣除； 不得计算折旧的固定资产； 固定资产的最低折旧年限
	生物资产的税务处理	生产性生物资产按照直线法计算的折旧，准予扣除； 生产性生物资产计算折旧的最低年限，林木类为10年，畜类为3年
	无形资产的税务处理	无形资产按照直线法计算的摊销费用，准予扣除。无形资产的摊销年限不得低于10年
	长期待摊费用的税务处理	已足额提取折旧的固定资产的改建支出，按照固定资产预计尚可使用年限分期摊销 租入固定资产的改建支出，按照合同约定的剩余租赁期限分期摊销 固定资产的大修理支出，按照固定资产尚可使用年限分期摊销 其他应当作为长期待摊费用的支出，自支出发生月份的次月起分期摊销，摊销年限不得低于3年
	投资资产的税务处理	企业对外投资期间，投资资产的成本在计算应纳税所得额时不得扣除。企业在转让或者处置投资资产时，投资资产的成本准予扣除
	存货的税务处理	企业使用或者销售存货时，按照规定计算的存货成本，准予在计算应纳税所得额时扣除 企业在选择使用或者销售的存货的成本计算方法时，可以在先进先出法、加权平均法、个别计价法中任选一种
	资产损失的税务处理	企业发生资产损失时，应在按税法规定实际确认或实际发生的当年申报扣除，不得提前或延后扣除
应纳税额的计算	核算征收应纳税额的计算	应纳税额=应纳税所得额×适用税率 直接法： 应纳税所得额=收入总额−不征税收入−免税收入−准予扣除项目金额−允许弥补的以前年度亏损 间接法： 应纳税所得额=会计利润总额±纳税调整额
	核定征收应纳税额的计算	定额征收 核定应税所得率征收
	境外所得已纳税额的抵免	纳税人来源于我国境外的所得，已在境外缴纳的所得税税款，准予在汇总纳税时从其应纳税额中扣除，但是扣除额不得超过其境外所得依照我国税法规定计算的应纳税额
源泉扣税	扣缴义务人	在我国境内未设立机构、场所的，或者虽然设立了机构、场所但所得与其所设机构、场所没有实际联系的非居民企业，应当缴纳的企业所得税实行源泉扣缴，以支付人为扣缴义务人
	扣缴方法	扣缴企业所得税应纳税额=应纳税所得额×实际征收率 股息、红利等权益性投资收益和利息、租金、特许权使用费所得，以收入全额为应纳税所得额； 对于转让财产所得，以收入全额减除财产净值后的余额为应纳税所得额

续表

知识类	知识点	具体内容
纳税申报	征收缴纳的方法	企业所得税实行按纳税年度计算，分月或者分季预缴，年终汇算清缴，多退少补的缴纳办法
	纳税期限	企业所得税的纳税年度，自公历1月1日起，至当年12月31日止。企业应当自月份或者季度终了之日起15日内，向税务机关报送预缴企业所得税纳税申报表，预缴税款。企业应当自年度终了之日起5个月内，向税务机关报送年度企业所得税纳税申报表，并汇算清缴，结清应缴应退税款
	纳税地点	居民企业：登记注册地或者实际管理机构所在地 非居民企业：机构、场所所在地或者扣缴义务人所在地

典型例题分析

一、单项选择题

1. 某企业2017年4月1日向银行借款1 200万元用于建造厂房，借款期限为1年，当年向银行支付了9个月的借款利息60万元。该厂房于2017年4月开工，于2017年9月30日完工结算并投入使用，当年税前可扣除的利息费用为（　　）万元。

A. 10　　B. 20　　C. 30　　D. 60

［答案］B

［解析］固定资产建造时竣工决算投产前的利息不得扣除，竣工决算投产后的利息可计入当期损益：税前可扣除的利息费用=60÷9×3=20（万元）。

2. 某居民企业2018年实际支出的工资、薪金总额为300万元；福利费本期发生60万元；拨缴的工会经费为6万元，已经取得工会拨缴收据；实际发生职工教育经费9万元。该企业在计算2017年应纳税所得额时，应调整的应纳税所得额为（　　）万元。

A. 0　　B. 15.5　　C. 18　　D. 71

［答案］C

［解析］福利费扣除限额为300×14%=42（万元），实际发生60万元，准予扣除42万元。

工会经费扣除限额为300×2%=6（万元），实际发生6万元，可以据实扣除。

职工教育经费扣除限额为300×8%=24（万元），实际发生9万元，准予扣除7.5万元。

调增应纳税所得额为60−42=18（万元）。

3. 甲公司是居民企业，2017年度实现的利润总额为200万元，取得的营业收入为1 600万元。发生的各项支出中，业务招待费为10万元，赞助明人演唱会10万元。假设无其他纳税调整事项，则该公司2017年度应纳企业所得税（　　）万元。

A. 53　　B. 53.5　　C. 50.5　　D. 49

［答案］B

［解析］业务招待费的扣除限额=1 600×0.5‰=8（万元）>10×60%=6（万元），故准予扣除的

业务招待费为 6 万元，应调增应纳税所得额 4 万元；赞助明人演唱会为不得扣除的项目，应调增应纳税所得额 10 万元。因此，该公司应纳企业所得税税额为（200+4+10）×25%=53.5（万元）。

4. 某服装企业 2017 年销售自产货物实现收入 1 000 万元，当年发生计入销售费用的广告费 120 万元，企业上年还有 70 万元的广告费没有在税前扣除，则企业当年可以税前扣除的广告费是（　　）万元。

A. 30　　B. 120　　C. 150　　D. 190

［答案］C

［解析］企业当年的广告费扣除标准为不超过当年销售（营业）收入的 15%，超过部分可以结转至以后年度扣除。当年准予扣除的广告费=1 000×15%=150（万元），因此当年发生的 120 万元广告费可以全部扣除，同时，还可以扣除上年结转的 70 万元广告费中的 30 万元，即企业当年可以扣除的广告费是 150 万元。上年剩余的 40 万元留待以后年度结转扣除。

5. 某国有企业 2017 年的境内所得为 600 万元，境外所得（均为税后所得）有三笔。其中，来自甲国的有两笔所得，分别为 60 万元和 85 万元，税率分别为 40%和 15%；来自乙国的所得为 30 万元，已纳税 6 万元（甲国、乙国均与我国签订了避免重复征税的税收协定），则 2017 年该国有企业应纳所得税（　　）万元。

A. 150　　B. 153　　C. 158　　D. 216

［答案］B

［解析］应该将来自一个国家的所得合并抵免。

甲国所得按我国税法规定应纳税额为［60÷（1−40%）+85÷（1−15%）］×25%=50（万元），在甲国已纳税额为 60÷（1−40%）×40%+85÷（1−15%）×15%=55（万元），不用补税。

乙国所得按我国税法规定应纳税额为（30+6）×25%=9（万元），应补税额为 9−6=3（万元）。

2017 年该国有企业应纳所得税为 600×25%+3=153（万元）。

二、不定项选择题

某市甲企业是居民企业，2018 年度实现会计利润 659.4 万元，全年已经累计预缴企业所得税税款 160 万元。全年生产经营资料如下。

（1）实现产品销售收入 4 700 万元；出租设备取得租金收入 300 万元；取得到期国债利息收入 135 万元；接受丙企业捐赠原材料一批，收到丙企业开具的增值税专用发票，其上注明价款 100 万元、税款 17 万元。

（2）与销售收入相配比的销售成本为 2 500 万元，实际缴纳增值税 300 万元、消费税 6 万元、城市维护建设税和教育费附加 30.6 万元。

（3）销售费用为 1 000 万元，其中广告费和业务宣传费用合计 780 万元。

（4）管理费用为 800 万元，其中业务招待费 50 万元。

（5）财务费用为 80 万元，其中包括向非金融机构借入一年期借款的利息支出 30 万元，年利率是 10%（同期同类银行贷款的年利率为 6%）。

（6）营业外支出为 176 万元，其中直接向当地敬老院捐赠支出 60 万元，税收滞纳金支出 10 万元，环保局罚款支出 5 万元，企业之间的违约罚款支出 3 万元。

（7）已计入成本、费用的实发工资总额为200万元，拨付职工福利费28万元、职工工会经费6万元、职工教育经费18万元。

要求：根据上述资料，回答下列第1～5题。

1. 根据企业所得税法律制度的规定，甲企业在计算2017年度应纳税所得额时，下列收入中，应计入应纳税所得额的是（　　）。

A. 产品销售收入4 700万元　　B. 出租设备取得的租金收入300万元

C. 国债利息收入135万元　　D. 接受丙企业捐赠原材料取得的收入117万元

2. 根据企业所得税法律制度的规定，甲企业在计算应纳税所得额时，下列税金中，准予扣除的是（　　）。

A. 增值税300万元

B. 消费税6万元

C. 城市维护建设税及教育费附加30.6万元

D. 累计预缴企业所得税160万元

3. 根据企业所得税法律制度的规定，关于甲企业期间费用扣除限额的下列表述中，正确的是（　　）。

A. 广告费和业务宣传费扣除限额是5 000×15%=750（万元）

B. 业务招待费扣除限额是50×60%=30（万元）

C. 向非金融机构借入一年期借款的利息扣除限额是30÷10%×6%=18（万元）

D. 广告费和业务宣传费超过扣除限额的部分，准予在以后纳税年度结转扣除

4. 根据企业所得税法律制度的规定，下列支出中，准予在税前扣除的是（　　）。

A. 直接向当地敬老院捐赠支出60万元　B. 税收滞纳金支出10万元

C. 环保局罚款支出5万元　　D. 企业之间的违约罚款支出3万元

5. 根据企业所得税法律制度的规定，关于甲企业“三项经费”扣除限额的下列表述中，正确的是（　　）。

A. 职工福利费的扣除限额是200×14%=28（万元）

B. 职工工会经费的扣除限额是200×8%=16（万元）

C. 职工教育经费的扣除限额是200×2%=4（万元）

D. 职工工会经费超过扣除限额的部分，准予在以后纳税年度结转扣除

［答案及解析］

1. ABD

根据企业所得税法律制度的规定，产品销售收入、租金收入、接收捐赠收入在计算应纳税所得额时，均属于收入总额；国债利息收入为免税收入。故正确答案为ABD。

2. BC

根据企业所得税法律制度的规定，在计算应纳税所得额时，准予扣除的税金是除企业所得税和增值税以外的各项税金及附加，即纳税人实际缴纳的消费税、营业税、城市维护建设税、教育费附加等。增值税是价外税，不在扣除之列。所以选项A、D不在扣除之列，正确答案为BC。

3. ACD

根据企业所得税法律制度的规定，企业发生的广告费和业务宣传费中，不超过当年销售收入总额的 15%的部分，可以在当年扣除，超过部分准予在以后纳税年度结转扣除，故 A 选项和 D 选项正确。B 选项中，税法规定企业发生的业务招待费按照发生额的 60%扣除，但是最高不超过销售收入的 5‰，甲企业本年度发生的业务招待费的 60%是 30 万元，超过了销售收入的 5‰［5 000×5‰=25（万元）]，故业务招待费的扣除限额为 25 万元，选项 B 错误。选项 C 中，税法规定向非金融机构的借款利息支出，不超过按照金融机构同期同类贷款利率计算的数额可以扣除，超过部分不许扣除，所以甲企业向非金融机构借入一年期的借款利息扣除限额为 30÷10%×6%=18（万元），选项 C 正确。

4. D

根据企业所得税法律制度的规定，企业的直接捐赠支出、税收滞纳金及罚款均不允许在税前扣除，故选项 A、B、C 均不正确，正确答案是 D。

5. A

企业发生的职工福利费、工会经费、职工教育经费的扣除限额分别为工资总额的 14%、2%、8%。其中，职工教育经费超过扣除限额的部分，准予在以后纳税年度结转扣除，故选项 D 错误；职工工会经费扣除限额应为 200×2%=4（万元），故选项 B 错误；职工教育经费扣除限额应为 200×8%=16（万元），故选项 C 错误。

三、实训题

实训目的：学习企业所得税应纳税所得额的确定及应纳税额的计算方法。

实训资料：某工业企业是居民企业，2017 年的生产经营情况如下。

（1）销售收入 4 700 万元，销售成本 2 500 万元，增值税 600 万元，销售税金及附加 90 万元。

（2）其他业务收入 300 万元。

（3）销售费用 1 200 万元。其中，广告费 800 万元，业务宣传费 50 万元。

（4）管理费用 600 万元。其中，业务招待费 50 万元，新产品研发费用 40 万元。

（5）财务费用 90 万元。其中，向非金融机构借款 1 年的利息支出为 60 万元，年利率为 10%（银行同期同类贷款利率为 6%）。

（6）营业外支出 35 万元。其中，向供货商支付违约金 5 万元，接受工商局罚款 3 万元，通过政府部门向灾区捐赠 20 万元。

（7）投资收益 20 万元。其中，从直接投资的外地居民企业中分回税后利润 15 万元（该居民企业适用的税率为 15%），国债利息 5 万元。

（8）账面会计利润 505 万元，已预缴 126.25 万元。

实训要求：计算该企业 2017 年应补（退）的企业所得税。

［解析］

（1）应税收入总额为 4 700+300=5 000（万元）。国债利息收入免税，居民企业直接投资其他居民企业取得的投资收益免税。

（2）广告费扣除限额为（4 700+300）×15%=750（万元），调增 800+50−750=100（万元）。

业务招待费：（4 700+300）×5‰=25（万元），50×60%=30（万元），扣除限额为 25 万元，调增 50−25=25（万元）。

新产品研发费可按实际发生额的 50%加计扣除，调减 40×50%=20（万元）。

财务费用中调增超标利息 60÷10%×（10%−6%）=24（万元）。

行政罚款不得在税前列支，调增 3 万元。

公益性捐赠扣除为 505×12%=60.6（万元），未超标，不用调整。

（3）应纳税所得额为 505+100+25−20+24+3−20=617（万元）。

（4）应纳税额为 617×25%=154.25（万元），应补缴税额为 154.25−126.25=28（万元）。

职业能力训练

一、单项选择题

1. 根据企业所得税法律制度的规定，依法在我国境内成立或者依照外国（地区）法律成立，但实际管理机构在我国的企业是（　　）。

A. 居民企业　　B. 非居民企业　　C. 本国企业　　D. 外国企业

2. 非居民企业在我国境内未设立机构、场所的，或者虽设立了机构、场所但所得与其所设机构、场所没有实际联系的，应当就其来源于我国境内的所得适用（　　）的企业所得税税率。

A. 15%　　B. 20%　　C. 25%　　D. 33%

3. 下列项目的所得中，减半征收企业所得税的是（　　）。

A. 水果的种植　　B. 花卉的种植　　C. 中药材的种植　　D. 农作物新品种的选育

4. 甲企业是居民企业，适用 25%的企业所得税税率，2017 年取得技术转让所得 900 万元，则应缴纳企业所得税（　　）万元。

A. 50　　B. 100　　C. 112.5　　D. 225

5. 某小型微利企业 2017 年应纳税所得额为 20 万元，则应纳企业所得税（　　）万元。

A. 2　　B. 3　　C. 4　　D. 5

6. 根据企业所得税法律制度的规定，企业安置残疾人员所支付的工资，在按照支付给残疾职工工资据实扣除的基础上，可以按照一定的比例加计扣除，该比例为（　　）。

A. 50%　　B. 100%　　C. 150%　　D. 200%

7. 企业购买符合条件的专用设备时，按规定可以按设备价款的一定比例抵免企业所得税税款，该比例为（　　）。

A. 10%　　B. 20%　　C. 30%　　D. 40%

8. 加速折旧属于税法规定的企业所得税税收优惠方式之一。其中，采取缩短折旧年限方法的，最低折旧年限不得低于规定折旧年限的（　　）。

A. 60%　　B. 40%　　C. 50%　　D. 70%

9. 下列各项利息收入中，不计入企业所得税应纳税所得额的是（　　）。

A. 企业债券利息收入　　B. 外单位欠款付给的利息收入

C. 购买国债的利息收入　　D. 银行存款利息收入

10. 下列税金中，在计算应纳税所得额时，不得扣除的是（　　）。

A. 增值税　　B. 消费税　　C. 城市维护建设税 D. 土地增值税

11. 下列关于收入确认时间的表述中，正确的是（　　）。

A. 接受非货币形式捐赠，在计算缴纳企业所得税时应分期确认收入

B. 企业转让股权收入，应于转让协议生效且办理完股权变更手续时，确认收入的实现

C. 股息等权益性投资收益以投资方收到所得的日期确认收入的实现

D. 特许权使用费收入以实际取得收入的日期确认收入的实现

12. 根据企业所得税法律制度的规定，企业以非货币形式取得的收入，应该按照（　　）确认收入。

A. 原始价值　　B. 重置价值　　C. 公允价值　　D. 历史价值

13. 纳税人在计算企业所得税应纳税所得额时，下列项目中，不超过规定比例的准予在税前扣除，超过部分准予在以后纳税年度结转扣除的是（　　）。

A. 职工福利费　　B. 职工工会经费　　C. 职工教育经费　　D. 社会保险费

14. 某企业因扩大生产规模新建厂房，由于自有资金不足，于 2017 年 1 月 1 日向银行借入长期借款 1 笔，金额 2 000 万元，贷款年利率是 6%。2017 年 4 月 1 日，该厂房开始建设；2017 年 12 月 31 日，房屋交付使用，则 2017 年度该企业可以在税前直接扣除的该项借款费用是（　　）万元。

A. 30　　B. 60　　C. 90　　D. 120

15. 某企业于 2017 年 1 月 1 日借入 1 000 万元资金用于生产经营，借期为一年。其中，400 万元是向金融机构借入的，支付利息 24 万元；600 万元是向非金融机构借入的，支付利息 48 万元，则在计算应纳税所得额时，准予扣除的利息支出是（　　）万元。

A. 72　　B. 60　　C. 48　　D. 24

16. 根据《中华人民共和国企业所得税法》的规定，企业发生的公益性捐赠支出，在计算企业所得税应纳税所得额时的扣除标准是（　　）。

A. 全额扣除　　B. 在年度应纳税所得额 12%以内的部分扣除

C. 在年度利润总额 12%以内的部分扣除　D. 在年度应纳税所得额 3%以内的部分扣除

17. 某企业 2017 年度实现利润总额 200 万元，在营业外支出账户中列支了通过公益性社会团体向贫困地区的捐款 50 万元。根据企业所得税法律制度的规定，在计算该企业 2017 年度应纳税所得额时，允许扣除的捐款数额为（　　）万元。

A. 50　　B. 24　　C. 15　　D. 10

18. 某企业 2017 年度实现销售收入 2 000 万元，实际发生业务招待费 20 万元，则该企业当年可在所得税前列支的业务招待费金额是（　　）万元。

A. 10　　B. 12　　C. 16　　D. 20

19. 某企业 2017 年销售货物收入 1 500 万元，出租房屋收入 500 万元，转让房屋收入 300 万元。当年实际发生业务招待费 20 万元，则该企业当年可在所得税前列支的业务招待费金额为（　　）万元。

A. 10　　B. 11.5　　C. 12　　D. 20

20. 计算企业所得税时，以经营租赁方式租入固定资产发生的租赁费，按照（　　）。

A. 实际支付数扣除　　B. 租赁期限均匀扣除

C. 应当提取折旧费用扣除　　D. 当期应付租赁费扣除

21. 某大型工业企业 2017 年 3 月 1 日以经营租赁方式租入固定资产，租期 1 年，一次性交付租金 18 万元；2017 年 6 月 1 日以融资租赁方式租入机械设备一台，租期 2 年，当年支付租金 20 万元。该企业在计算当年企业应纳税所得额时准予扣除的租赁费用为（　　）万元。

A. 15　　B. 18　　C. 20　　D. 38

22.《中华人民共和国企业所得税法》规定，在计算应纳税所得额时允许扣除的支出是（　　）。

A. 企业所得税款　　B. 付给税务机关的税收滞纳金

C. 付给银行的罚息　　D. 付给工商行政管理部门的罚款

23. 下列各项中，在计算企业所得税应纳税所得额时准予扣除的是（　　）。

A. 企业之间支付的管理费　　B. 银行内营业机构之间支付的利息

C. 企业内营业机构之间支付的租金　　D. 企业内营业机构之间支付的特许权使用费

24. 某国有企业 2012 年度发生亏损，根据《中华人民共和国企业所得税法》的规定，该亏损额可以用以后纳税年度的所得逐年弥补，但延续弥补的期限最长不得超过（　　）。

A. 2014 年　　B. 2015 年　　C. 2016 年　　D. 2017 年

25. 某企业 2008—2016 年的盈亏情况如下表所示，则下列选项中，正确的是（　　）。

年度	2008	2009	2010	2011	2012	2013	2014	2015	2016
盈亏情况（万元）	-40	20	-30	10	-10	15	10	10	15

A. 2008 年的亏损在弥补期内未足额弥补　B. 2010 年的亏损在弥补期内未足额弥补

C. 2012 年的亏损在弥补期内未足额弥补　D. 该企业三年的亏损在 2016 年得以全部弥补

26. 根据《中华人民共和国企业所得税法》及其实施条例的规定，下列选项中，不得提取折旧的固定资产是（　　）。

A. 以经营租赁方式出租的固定资产　　B. 房屋、建筑物

C. 季节性停用和大修理停用的机器设备　D. 以经营租赁方式租入的固定资产

27. 某企业 2017 年度境内所得应纳税所得额为 400 万元，全年已预缴税款 25 万元；来源于境外 A 国税前所得 100 万元，境外实纳税款 20 万元。该企业当年汇算清缴应补（退）的税款为（　　）万元。

A. 50　　B. 60　　C. 70　　D. 80

28. 对于企业境外所得已在境外实际缴纳的所得税税款，在汇总纳税并按规定计算的扣除限额扣除时，如果境外实际缴纳的税款超过了扣除限额，对超过部分正确的处理方法是（　　）。

A. 列为当年费用支出

B. 从以后年度境外所得中扣除

C. 从本年度的应纳所得税额中扣除

D. 从以后年度税额扣除的余额中补扣，补扣期限不得超过 5 年

29. 按照《中华人民共和国企业所得税法》的规定，企业所得税的征收办法是（　　）。

A. 按月征收　　B. 按季计征，分月预缴
C. 按季征收　　D. 按年计征，分月或分季预缴

30. 下列关于企业所得税纳税申报的表述中，不正确的是（　　）。
A. 企业所得税应分月或分季预缴
B. 企业清算时，应当以清算期间为一个纳税年度
C. 企业在年度中间终止经营活动的，应当自实际经营终止之日起 45 日内，到税务机关办理当期企业所得税汇算清缴手续
D. 企业在一个纳税年度中间开业或者终止经营活动，使该纳税年度的实际经营期不足 12 个月的，应当以实际经营期为一个纳税年度

二、多项选择题

1. 下列企业中，属于企业所得税纳税义务人的有（　　）。
A. 外商投资企业　B. 国有企业　C. 个人独资企业　D. 合伙企业
2. 下列企业中，属于非居民企业的有（　　）。
A. 在我国境内注册成立的企业
B. 依照外国（地区）法律成立但实际管理机构在我国境内的企业
C. 依照外国（地区）法律成立且实际管理机构不在我国境内，但在我国境内设立机构、场所的企业
D. 在我国境内未设立机构、场所，但有来源于我国境内所得的企业
3. 下列关于企业所得税征税对象的表述中，正确的有（　　）。
A. 居民企业应当就其来源于我国境内、境外的所得缴纳企业所得税
B. 非居民企业在我国境内设立机构、场所的，应当就其所设机构、场所取得的来源于我国境内的所得缴纳企业所得税
C. 非居民企业在我国境内设立机构、场所的，发生在我国境外但与其所设机构、场所有实际联系的所得也应缴纳企业所得税
D. 非居民企业在我国境内未设立机构、场所，或者虽设立了机构、场所，但取得的所得与其所设机构、场所没有实际联系的，应当就其来源于我国境内的所得缴纳企业所得税
4. 根据企业所得税法律制度的规定，下列关于所得来源地的表述中，正确的有（　　）。
A. 不动产转让所得按照转让不动产企业所在地确定
B. 权益性投资资产转让所得按照被投资企业所在地确定
C. 股息、红利等权益性投资所得，按照分配所得的企业所在地确定
D. 特许权使用费所得按照支付所得的企业或者机构、场所所在地确定
5. 下列各项收入中，在计算应纳税所得额时，属于免税收入的是（　　）。
A. 财政拨款
B. 国债利息收入
C. 居民企业之间股息、红利等权益性投资收益
D. 依法收取并纳入财政管理的行政事业性收费

6. 下列项目的所得中，从项目取得第一笔生产经营收入所属纳税年度起，第一年至第三年免征企业所得税，第四年至第六年减半征收企业所得税的有（　　）。

A. 环境保护项目　　B. 节能节水项目

C. 综合利用资源项目　　D. 国家重点扶持的公共基础设施项目

7. 下列关于固定资产加速折旧的表述中，正确的有（　　）。

A. 由于技术进步，更新换代比较快的固定资产可以加速折旧

B. 常年处于强震动、高腐蚀状态的固定资产可以加速折旧

C. 采取缩短折旧年限方法的，最低折旧年限不得低于法定折旧年限的 50%

D. 可以采用双倍余额递减法或者年数总和法

8. 根据企业所得税法律制度的规定，以下关于收入确认时间的表述中，正确的有（　　）。

A. 对于特许权使用费收入，按照特许权使用人实际支付特许权使用费的日期确认收入的实现

B. 对于接受捐赠收入，按照实际收到捐赠资产的日期确认收入的实现

C. 对于利息收入，按照合同约定的债务人应付利息的日期确认收入的实现

D. 对于股息、红利等权益性投资收益，按照被投资方支付利润的日期确认收入的实现

9. 下列各项收入中，属于不征税收入的有（　　）。

A. 财政拨款　　B. 依法收取并纳入财政管理的行政事业性收费

C. 国债利息收入　　D. 依法收取并纳入财政管理的政府性基金

10. 下列行为中，纳税人应视同销售确认所得税收入的有（　　）。

A. 将自产货物用于投资　　B. 将自产货物用于捐赠

C. 将自产货物作为集体福利　　D. 将自产货物用于在建工程

11. 下列税金中，在计算应纳税所得额时准予扣除的有（　　）。

A. 增值税　　B. 消费税　　C. 房产税　　D. 车船税

12. 甲企业 2018 年度计入成本费用的工资总额为 200 万元，发生职工福利费 30 万元、职工工会经费 3 万元、职工教育经费 17 万元。在计算 2018 年度企业所得税应纳税所得额时，关于“三项经费”税前扣除的表述中，正确的有（　　）。

A. 准予在税前扣除职工福利费 28 万元

B. 准予在税前扣除职工工会经费 4 万元

C. 准予在税前扣除职工教育经费 16 万元

D. 职工福利费超过扣除限额的部分，准予在以后纳税年度结转扣除

13. 根据企业所得税法律制度的规定，企业支付的下列费用中，在计算应纳税所得额时，准予扣除的有（　　）。

A. 企业按照有关规定为职工缴纳的“五险一金”

B. 企业按照有关规定为职工支付的补充医疗保险、补充养老保险

C. 企业为特殊工种职工支付的人身安全保险费

D. 企业为投资者或者职工支付的商业保险费

14. 某软件开发公司（被认定为国家重点扶持的高新技术企业）2016 年经税务机关核定的亏损额为 30 万元，2017 年度取得生产经营收入 1 600 万元，业务招待费实际发生 20 万元，其他应扣除的成本、费用、税金等合计 1 300 万元（其中，研发费用 60 万元）。下列说法中，正确的有（　　）。

A. 该企业可以扣除的业务招待费是 8 万元

B. 该企业 2017 年适用 20%的优惠税率

C. 2016 年的亏损可以用 2017 年的所得弥补

D. 应纳所得税 58 万元

15. 根据《中华人民共和国企业所得税法》的规定，在计算企业所得税应纳税所得额时，下列项目中，不得在企业所得税税前扣除的有（　　）。

A. 外购货物因管理不善发生的损失　　B. 违反法律被司法部门处以的罚金

C. 非广告性质的赞助支出　　D. 银行按规定加收的罚息

16. 根据企业所得税法律制度的规定，下列固定资产项目中，在计算应纳税所得额时准予扣除折旧的有（　　）。

A. 未投入使用的房屋、建筑物　　B. 以经营租赁方式租出的固定资产

C. 以融资租赁方式租入的固定资产　　D. 未投入使用的机器设备

17. 根据企业所得税法律制度的规定，在我国境内未设立机构、场所的非居民企业从我国境内取得的下列所得中，应以收入全额为应纳税所得额的有（　　）。

A. 红利　　B. 转让财产所得　　C. 租金　　D. 利息

18. 根据企业所得税法律制度的规定，企业的下列资产支出项目中，不得计算折旧或摊销费用并在税前扣除的有（　　）。

A. 已足额提取折旧的固定资产的改建支出

B. 单独估价作为固定资产入账的土地

C. 以融资租赁方式租入的固定资产

D. 未投入使用的机器设备

19. 根据企业所得税法律制度的规定，下列各项中，在计算企业所得税应纳税所得额时不得扣除的有（　　）。

A. 向投资者支付的红利

B. 企业内部营业机构之间支付的租金

C. 企业内部营业机构之间支付的特许权使用费

D. 未经核定的准备金支出

20. 根据企业所得税法律制度的规定，下列各项中，不得在企业所得税税前扣除的有（　　）。

A. 税收滞纳金　　B. 被没收财物的损失

C. 向投资者支付的股息　　D. 缴纳的教育费附加

21. 企业的固定资产由于技术进步等原因，确实需要加速折旧的，根据企业所得税法律制度的规定，可以采用的加速折旧的方法有（　　）。

A. 年数总和法

B. 当年一次折旧法

C. 双倍余额递减法

D. 缩短折旧年限，但最低折旧年限不得低于法定折旧年限的 50%

22. 根据企业所得税法律制度的规定，下列资产中，计提的折旧可以在企业所得税税前扣除的有（　　）。

A. 生产性生物资产　　B. 以经营租赁方式租出的固定资产

C. 以融资租赁方式租出的固定资产　　D. 已足额提取折旧但仍继续使用的固定资产

三、判断题

1. 个人独资企业和合伙企业是企业所得税的居民纳税人。（　　）

2. 居民企业应当就其来源于我国境内、境外的所得缴纳企业所得税，境外已纳税额不得抵免。（　　）

3. 权益性投资资产转让所得按照投资企业所在地确定所得。（　　）

4. 在我国境内设有机构、场所且所得与机构、场所有实际联系的非居民企业，适用 20%的企业所得税税率。（　　）

5. 国债利息收入属于不征税收入。（　　）

6. 企业从事符合条件的环境保护、节能节水项目的所得，自项目开始盈利所属纳税年度起，第一年至第三年免征企业所得税，第四年至第六年减半征收企业所得税。（　　）

7. 对于股息、红利等权益性投资收益，除国务院财政、税务主管部门另有规定外，按照被投资方做出利润分配决定的日期确认收入的实现。（　　）

8. 依法收取并纳入财政管理的行政事业性收费、政府性基金属于免税收入。（　　）

9. 资本性支出应当分期扣除或者计入有关资产成本，不得在发生当期直接扣除。（　　）

10. 企业已经作为损失处理的资产，在以后纳税年度又全部收回或者部分收回时，不得计入当期收入。（　　）

11. 企业发生的职工工会经费支出，不超过工资、薪金总额 2%的部分，准予扣除；超过部分，准予在以后纳税年度结转扣除。（　　）

12. 企业为特殊工种职工支付的人身安全保险费可以在税前扣除。（　　）

13. 企业依照法律、行政法规的有关规定提取的用于环境保护、生态恢复等方面的专项资金，准予扣除。（　　）

14. 企业按照规定计算的无形资产和递延资产的摊销费，准予扣除。（　　）

15. 纳税人发生年度亏损的，可以用下一纳税年度的所得弥补；下一纳税年度的所得不足以弥补的，可以逐年延续弥补，但是延续弥补期不得超过 3 年。（　　）

16. 在我国境内未设立机构、场所的非居民企业的转让财产所得，以财产转让收入全额为应纳税所得额。（　　）

17. 通过捐赠、投资、非货币性资产交换、债务重组等方式取得的固定资产，以该资产的公允价值和支付的相关税费为计税基础。（　　）

18. 林木类生产性生物资产的最低折旧年限为 3 年。（　　）

19. 自行开发的支出已在计算应纳税所得额时扣除的无形资产不得计算摊销费用扣除。（　　）

20. 租入固定资产的改建支出，按照合同约定的租赁期限分期摊销。（ ）

21. 企业应当自年度终了之日起 3 个月内，向税务机关报送年度企业所得税纳税申报表，并汇算清缴，结清应缴应退税款。（ ）

22. 非居民企业在我国未设立机构、场所的，或者虽然设立了机构、场所，但所得与其所设机构、场所没有实际联系的，以扣缴义务人所在地为纳税地点。（ ）

四、不定项选择题

（一）

乙公司是居民企业，主要生产化妆品，2016 年度实现会计利润 200 万元，已经按月累计预缴企业所得税 50 万元。全年的生产经营资料如下。

（1）销售化妆品取得销售收入 3 000 万元，投资收益包括从甲居民企业分回的权益性投资收益 90 万元（在甲居民企业已缴纳企业所得税）和购买国债取得的利息收入 50 万元。

（2）全年发生销售成本 1 200 万元，实际缴纳增值税 200 万元、消费税 900 万元、城市维护建设税和教育费附加 110 万元。

（3）发生销售费用 400 万元。

（4）发生管理费用 250 万元。其中，业务招待费 20 万元，新产品研发费用 50 万元。

（5）由于经营资金不足，向银行借款 100 万元，当年支付利息 8 万元。

（6）营业外支出 72 万元。其中，通过市民政局向当地福利院捐赠了 32 万元。

已知：乙公司适用的企业所得税税率为 25%。

要求：根据上述资料，回答下列第 1～5 小题。

1. 根据企业所得税法律制度的规定，关于乙公司取得的投资收益的下列表述中，正确的是（ ）。

A. 从甲居民企业分回的权益性投资收益 90 万元属于征税收入

B. 从甲居民企业分回的权益性投资收益 90 万元属于免税收入

C. 购买国债取得的利息收入 50 万元属于征税收入

D. 购买国债取得的利息收入 50 万元属于免税收入

2. 乙公司在计算应纳税所得额时，缴纳的下列税款中，准予在税前扣除的是（ ）。

A. 已预缴的企业所得税 50 万元

B. 实际缴纳的增值税 200 万元

C. 实际缴纳的消费税 900 万元

D. 实际缴纳的城市维护建设税和教育费附加 110 万元

3. 乙公司在计算应纳税所得额时，关于业务招待费和新产品研发费用扣除额的下列表述中，正确的是（ ）。

A. 准予扣除的业务招待费为 12 万元　B. 准予扣除的业务招待费为 15 万元

C. 准予扣除的新产品研发费用为 75 万元　D. 准予扣除的新产品研发费用为 100 万元

4. 乙公司在计算 2016 年度应纳税所得额时，准予扣除的捐赠数额是（ ）万元。

A. 32　B. 24　C. 19.2　D. 15

5. 关于乙公司企业所得税征收管理的下列表述中，正确的是（　　）。

A. 乙公司应当自月份终了之日起 15 日内，向税务机关报送预缴企业所得税纳税申报表，预缴税款

B. 乙公司应当自月份终了之日起 30 日内，向税务机关报送预缴企业所得税纳税申报表，预缴税款

C. 乙公司应当自年度终了之日起 3 个月内，向税务机关报送年度企业所得税纳税申报表，并汇算清缴，结清应缴应退税款

D. 乙公司应当自年度终了之日起 5 个月内，向税务机关报送年度企业所得税纳税申报表，并汇算清缴，结清应缴应退税款

（二）

丙企业为居民企业，适用 25%的企业所得税税率，2017 年度发生的相关业务如下。

（1）自产服装的销售收入为 1 500 万元，投资收益 100 万元（系从居民企业分回的投资收益）。

（2）销售成本为 700 万元，税金及附加为 90 万元。

（3）管理费用 200 万元。其中，研发费 30 万元，业务招待费 40 万元。

（4）销售费用 300 万元。其中，广告和业务宣传费支出 250 万元。

（5）财务费用 150 万元。其中，向商业银行贷款 1 000 万元，年利息支出 50 万元，经批准向职工集资借款 500 万元，年利息支出 38 万元。

（6）营业外收入 200 万元。其中，接受货币捐赠收入 50 万元；接受其他企业捐赠材料，已取得增值税专用发票，发票上注明价税合计 150 万元。

（7）“营业外支出”账户中列支被工商行政管理部门罚款 7 万元，通过公益性社会团体向灾区捐赠 23 万元。

（8）“应付职工薪酬”科目借方发生额中有已经计入销售成本的向残疾人支付的工资 24 万元。

（9）该企业在 A 国设有一家子公司，与我国已经缔结避免双重征税协定。在 A 国的子公司应税所得额为 60 万元，A 国的企业所得税税率为 20%，该子公司在 A 国缴纳了 12 万元的企业所得税，并对税后利润全部进行了分配。

根据上述资料，回答下列第 1～6 小题。

1. 下列关于丙企业计算企业所得税的表述中，符合税法规定的是（　　）。

A. 支付给残疾人员的工资和研发费都可以加计扣除 50%

B. 投资收益 100 万元是企业所得税的免税收入

C. 境外的所得需要补税

D. 工商行政管理部门的罚款不得在税前扣除

2. 丙企业的管理费用和销售费用调整应纳税所得额为（　　）万元（含加计扣除）。

A. 26　　B. 27.5　　C. 42.5　　D. 57.5

3. 丙企业的财务费用纳税调整为（　　）万元。

A. 58　　B. 50　　C. 38　　D. 13

4. 丙企业的营业外支出纳税调整额是（　　）万元。

A. 7　　B. 23　　C. 27.92　　D. 30

5. 境内生产经营应纳税所得额为（　　）万元。

A. 303　　B. 285.5　　C. 265.5　　D. 268.5

6. 企业当期应纳所得税税额为（　　）万元。

A. 70.125　　B. 69.375　　C. 63.375　　D. 48.375

五、实训题

（一）

实训目的：学习企业所得税各项扣除限额的确定及应纳税额的计算方法。

实训资料：某企业为居民企业，适用25%的企业所得税税率，2017年度的生产经营情况如下。

（1）销售收入5 500万元。

（2）销售成本2 500万元，增值税900万元，销售税金及附加100万元。

（3）销售费用800万元，其中广告费500万元。

（4）管理费用600万元，其中，业务招待费100万元、研发新产品费用50万元。

（5）财务费用100万元，其中，向非金融机构借款500万元的年利息支出，年利率10%（银行同期同类贷款利率6%）。

（6）营业外支出50万元，其中，向供货商支付违约金15万元，向税务局支付税款滞纳金3万元，通过公益性社会团体向贫困地区捐赠18万元。

实训要求：按顺序完成下列计算任务。

（1）计算缴纳所得税前可以扣除的广告费金额。

（2）计算缴纳所得税前可以扣除的业务招待费金额。

（3）计算缴纳所得税前可以扣除的财务费用。

（4）计算缴纳所得税前可以扣除的捐赠额。

（5）计算该企业2017年应纳税所得额。

（6）计算该企业2017年度应缴纳的企业所得税税额。

（二）

实训目的：学习不得在税前扣除项目的确定及纳税调整方法。

实训资料：某企业2017年全年取得收入3 000万元，其中，取得租金收入50万元；销售成本、销售费用、管理费用共计2 800万元；“营业外支出”中列支35万元，其中，向希望工程基金委员会捐款10万元，直接向某困难地区捐赠5万元，非广告性赞助费20万元。

实训要求：计算该企业2017年应缴纳的企业所得税。

（三）

实训目的：学习企业所得税应纳税额的计算方法。

实训资料：某企业2017年度的有关经营情况如下。

（1）实现产品销售收入1 600万元，取得国债利息收入24万元。

（2）产品销售成本1 200万元，产品销售费用45万元，缴纳增值税58万元、消费税85万元、城市维护建设税10.01万元、教育费附加4.29万元。

（3）2月1日，向银行借款50万元用于生产经营，借期半年，银行贷款年利率为6%，支付利息 1.5 万元。

（4）3 月 1 日，向非金融机构借款 60 万元用于生产经营，借期 8 个月，支付利息 4 万元。

（5）管理费用 137 万元（其中，业务招待费用 12 万元）。

（6）购入机器设备 5 台，共计支付金额 24 万元；为改建厂房，支付费用 100 万元。

（7）因管理不善损失材料的实际成本为 8 万元，获得保险公司赔款 3 万元。

实训要求：计算该企业 2017 年应缴纳的企业所得税。

（四）

实训目的：学习境外所得已纳税额的抵免知识。

实训资料：某企业 2017 年度的财务报表数据如下：营业收入 8 350 万元，营业成本 7 080 万元，税金及附加 120 万元，财务费用 3 万元，管理费用 12 万元，营业外收支净额 5.6 万元（其中，营业外支出中列支行政罚款 3 万元），国债利息收入 2 万元，境外投资分得税后利润 40 万元（该企业提供了一张国外缴纳企业所得税凭证，已纳税额 13.5 万元）。

实训要求：计算该企业 2017 年度应纳企业所得税税额。

（五）

实训目的：学习企业所得税应纳税额的计算方法。

实训资料：某企业为增值税一般纳税人，2017 年企业有关生产经营情况如下。

（1）取得产品销售收入 2 300 万元，购买国库券获利息收入 50 万元，从境内投资公司分回税后利润 180 万元。

（2）发生产品销售成本 1 100 万元。其中，支付残疾人薪金 100 万元；发生销售费用 380 万元，其中广告费 80 万元；发生产品销售税金及附加 50 万元。

（3）1 月 1 日，向银行贷款 4 000 万元，发生贷款利息和借款费用 250 万元。其中，用于生产的经营性资金 300 万元，其余用于建造固定资产。

（4）发生管理费用 260 万元。其中，业务招待费 190 万元。

（5）“营业外支出”账户中记载金额 53.52 万元。其中，合同违约金 4 万元，通过民政局向灾区捐赠 49.52 万元。

（6）本年预缴所得税 18.43 万元。

实训要求：按顺序完成下列计算任务。

（1）计算税前准予扣除的财务费用。

（2）计算税前准予扣除的管理费用和销售费用。

（3）计算税前准予扣除的营业外支出。

（4）计算全年应纳税所得额。

（5）计算全年应补缴企业所得税。

项目六
个人所得税

学习指导

一、学习目标

- 掌握个人所得税的纳税义务人、征税对象和税率；
- 了解个人所得税的税收优惠政策；
- 掌握个人所得税的计税依据；
- 会正确计算个人所得税的应纳税额；
- 会正确填写个人所得税纳税申报表。

二、重点

- 个人所得税税目的确定；
- 各项所得应纳税额的计算；
- 税收优惠政策；
- 纳税申报。

三、难点

- 各项所得应纳税额的计算；
- 年终一次性奖金的计税；
- 公益性捐赠的计税；
- 境外所得已纳税额的抵免。

四、主要知识

<table>
<tr><th>知识类</th><th>知识点</th><th colspan="3">具体内容</th></tr>
<tr><td rowspan="7">基本要素</td><td rowspan="2">纳税义务人</td><td>居民纳税人</td><td colspan="2">在我国境内有住所的个人；
在我国境内无住所且在境内居住满一年的个人</td></tr>
<tr><td>非居民纳税人</td><td colspan="2">我国境内无住所又不居住的个人；
在我国境内无住所且在境内居住不满一年的个人</td></tr>
<tr><td>征税对象</td><td colspan="3">纳税人取得的各项应税所得，包括现金、实物、有价证券和其他形式的经济利益</td></tr>
<tr><td>税目</td><td colspan="3">工资、薪金所得；
个体工商户的生产、经营所得；
对企事业单位的承包、承租经营所得；
劳务报酬所得；
稿酬所得；
特许权使用费所得；
利息、股息、红利所得；
财产租赁所得；
财产转让所得；
偶然所得；
经国务院财政部门批准的其他所得</td></tr>
<tr><td rowspan="3">税率</td><td>七级超额累进税率</td><td>3%～45%</td><td>适用于工资、薪金所得</td></tr>
<tr><td>五级超额累进税率</td><td>5%～35%</td><td>适用于个体工商户的生产、经营所得和对企事业单位的承包、承租经营所得</td></tr>
<tr><td>比例税率</td><td>20%</td><td>适用于劳务报酬所得，稿酬所得，特许权使用费所得，利息、股息、红利所得，财产租赁所得，财产转让所得，偶然所得，经国务院财政部门批准的其他所得。其中，劳务报酬所得加成征收，稿酬所得减征</td></tr>
<tr><td rowspan="2">税收优惠</td><td>免税、暂免税项目</td><td colspan="3">省级人民政府、国务院部委、中国人民解放军军以上单位及外国组织、国际组织颁发的科学、教育、技术、文化、卫生、体育、环境保护等方面的奖金；
国债和国家发行的金融债券利息；
按照国家统一规定发放的补贴、津贴；
福利费、抚恤金、救济金；
保险赔款；
军人的转业费、复员费；
按照国家统一规定发给干部、职工的安家费、退职费、退休工资、离休工资、离休生活补助费；
……</td></tr>
<tr><td>减税项目</td><td colspan="3">残疾、孤老人员和烈属的所得；
因严重自然灾害造成重大损失的项目；
其他经国务院财政部门批准减税的项目</td></tr>
<tr><td rowspan="2">应纳税额的计算</td><td>工资、薪金所得</td><td colspan="3">应纳税所得额=月工资、薪金收入−3 500
应纳税额=应纳税所得额×税率−速算扣除数</td></tr>
<tr><td>个体工商户的生产、经营所得</td><td colspan="3">应纳税所得额=收入总额−（成本+费用+损失+准予扣除的税金）
应纳税额=应纳税所得额×税率−速算扣除数</td></tr>
</table>

续表

知识类	知识点	具体内容
应纳税额的计算	对企事业单位的承包、承租经营所得	应纳税所得额=个人承包、承租经营收入总额-每月必要费用扣减合计 应纳税额=应纳税所得额×税率-速算扣除数
	劳务报酬所得、稿酬所得、特许权使用费所得	应纳税所得额=每次收入-800 或 应纳税所得额=每次收入×（1-20%） 应纳税额=应纳税所得额×适用税率
	财产租赁所得	应纳税所得额=每次收入额-准予扣除项目-修缮费用（以800元为限）-800 或 应纳税所得额=［每次收入额-准予扣除的项目-修缮费用（以800元为限）］×（1-20%） 应纳税额=应纳税所得额×适用税率
	财产转让所得	应纳税所得额=每次收入额-财产原值-合理税费 应纳税额=应纳税所得额×适用税率
	利息、股息、红利、偶然所得	应纳税额=应纳税所得额（每次收入）×适用税率
	年终一次性奖金	先将当月取得的数月奖金除以12，按其商数确定适用税率和速算扣除数。 ① 雇员当月工资、薪金所得高于或等于税法规定的费用扣除额的，适用公式为 应纳税额=雇员当月取得的全年一次性奖金×适用税率-速算扣除数 ② 雇员当月工资、薪金所得低于税法规定的费用扣除额的，适用公式为 应纳税额=［雇员当月取得的全年一次性奖金-（3 500-工资）］×税率-速算扣除数
	公益性捐赠	个人将其所得通过非营利社会团体、国家机关向教育、公益性事业和遭受严重自然灾害地区、贫困地区的捐赠，捐赠额不超过应纳税所得额30%的部分，可以从其应纳税所得额中扣除
	境外已纳税额的抵免	纳税人从我国境外取得的所得，准予其在应纳税额中扣除已在境外缴纳的个人所得税额，但扣除额不得超过该纳税人境外所得依照个人所得税法的规定计算的应纳税额 来自某国或地区的抵免限额=∑（来自某国或地区的某一应税项目的所得-费用减除标准）×适用税率-速算扣除数
纳税申报	税款征收方式	代扣代缴； 自行纳税申报
	纳税期限	扣缴义务人每月所扣的税款，自行申报纳税人每月应纳的税款，都应当在次月15日内缴入国库，并向税务机关报送纳税申报表； 工资、薪金所得应纳的税款按月计征，由扣缴义务人或者纳税义务人在次月15日内缴入国库，并向税务机关报送纳税申报表； 个体工商户的生产、经营所得应纳的税款按年计算，分月预缴，由纳税义务人在次月15日内预缴，年度终了后3个月内汇算清缴，多退少补； 从我国境外取得所得的纳税义务人，应当在年度终了后30日内，将应纳的税款缴入国库，并向税务机关报送纳税申报表； 年应税所得12万元以上的纳税义务人，在年度终了后的3个月内到主管税务机关办理纳税申报
	纳税地点	个人所得税自行申报的，其申报地点一般为收入来源地的主管税务机关。 纳税人从两处或两处以上取得工资、薪金的，可选择并固定在其中一地税务机关申报纳税。 从境外取得所得的，应向其境内户籍所在地或经营居住地税务机关申报纳税。 扣缴义务人应向其主管税务机关进行纳税申报。 个人独资企业和合伙企业的纳税地点：投资者应向企业实际经营管理所在地的主管税务机关申报缴纳个人所得税

典型例题分析

一、单项选择题

1. 某高校外语教师李某，在工作之余受托翻译一部外国小说，取得报酬 5 000 元。关于李某该项收入计缴个人所得税的下列表述中，正确的是（　　）。

A. 应按“劳务报酬所得”计缴个人所得税

B. 应按“工资、薪金所得”计缴个人所得税

C. 应按“特许权使用费所得”计缴个人所得税

D. 应按“稿酬所得”计缴个人所得税

[答案] A

[解析] 根据个人所得税法律制度的规定，受托从事中、外语言或文字翻译业务取得的所得，按“劳务报酬所得”纳税。

2. 作家王某的小说 2017 年 1 月出版，获得稿酬收入 5 000 元。同年 5 月，该小说在一家晚报上连载 15 天，王某取得稿酬收入 3 000 元。已知稿酬所得适用的个人所得税税率为 20%。王某稿酬所得应缴纳个人所得税税额的下列计算中，正确的是（　　）元。

A. （5 000+3 000）×（1−20%）×20%=1 280

B. （5 000+3 000）×（1−20%）×20%×（1−30%）=896

C. 5 000×（1−20%）×20%+（3 000−800）×20%=1 240

D. 5 000×（1−20%）×20%×（1−30%）+（3 000−800）×20%×（1−30%）=868

[答案] D

[解析] 根据个人所得税法律制度的规定，同一作品先在出版社出版，然后连载，或先连载而后出版的，应视为两次稿酬所得，稿酬按 20%的税率征税，并按规定对应纳税额减征 30%。

3. 根据个人所得税法律制度的规定，居民纳税人张某 2017 年 1 月取得的下列各项收入中，需要缴纳个人所得税的是（　　）元。

A. 国债利息收入 300

B. 任职单位发放的全年一次性奖金 12 000

C. 一年期银行存款储蓄利息 500

D. 购买福利彩票中奖收入 8 000

[答案] B

[解析] 根据个人所得税法律制度的规定，个人取得的国债利息收入免征个人所得税；纳税人取得的全年一次性奖金应按工资、薪金所得征收个人所得税；自 2008 年 10 月 9 日（含）起，对储蓄存款利息所得暂免征收个人所得税；个人购买福利彩票、赈灾彩票、体育彩票，一次中奖收入在 1 万元以下的（含 1 万元）暂免征收个人所得税，超过 1 万元的全额征收个人所得税。故正确答案是 B。

4. 根据个人所得税法律制度的规定，任职、受雇于报纸、杂志等单位的记者、编辑等专业人员，在本单位的报纸、杂志上发表作品取得的所得，在计征个人所得税时，适用的税目是（　　）。

A. 工资、薪金所得　B. 劳务报酬所得　C. 稿酬所得　D. 特许权使用费所得

［答案］A

［解析］根据个人所得税法律制度的规定，任职、受雇于报纸、杂志等单位的记者、编辑等专业人员，在本单位的报纸、杂志上发表作品取得的所得，在计征个人所得税时，应与其当月的工资收入合并，按“工资、薪金所得”税目征收个人所得税。

5. 歌手张某与一歌厅签约，2018 年 4 月每天到歌厅演唱一次，每次取得报酬 100 元。已知劳务报酬所得适用的个人所得税税率为 20%，则张某本月该项所得应缴纳个人所得税税额（　　）元。

A. 0　　B. 440　　C. 480　　D. 600

［答案］B

［解析］凡属于同一项目连续性收入的，以 1 个月内取得的收入为一次，据此确定应纳税所得额，计征个人所得税。张某 2018 年 4 月一共取得收入 3 000 元，其应纳个人所得税为（3 000−800）×20%=440（元）。

6. 某个体工商户张某 2017 年度销售（营业）收入总额为 200 万元，实际发生的符合条件的广告费和业务宣传费支出为 40 万元。张某在计算个人所得税应纳税所得额时，允许扣除广告费和业务宣传费支出（　　）万元。

A. 1　　B. 24　　C. 30　　D. 40

［答案］C

［解析］根据个人所得税法律制度的规定，个体工商户每一纳税年度发生的广告费和业务宣传费不超过当年销售（营业）收入 15%的部分，可据实扣除；超过部分，准予在以后年度结转扣除。

二、不定项选择题

王某系我国公民，是境内某高校教师，2017 年 12 月从境内取得如下收入。

（1）取得工资收入 5 000 元、年终一次性奖金 24 000 元。

（2）应邀在校外讲课，取得课时费收入 2 600 元。

（3）取得 12 月的沿街商铺租金收入 3 000 元。

（4）取得专利权使用费收入 5 000 元。

（5）为校外某企业提供技术服务，取得收入 2 000 元。

（6）购买的体育彩票中奖，收入 50 000 元，将其中 20 000 元通过市民政局捐给了贫困地区。

要求：根据上述资料，回答下列第 1～5 题。

1. 下列关于王某年终一次性奖金应缴纳个人所得税税额的计算中，正确的是（　　）元。

A. 24 000×25%−1 005=4 995

B.（24 000−3 500）×25%−1 005=4 120

C. 24 000×10%−105=2 295

D.［24 000−（5 000−3 500）］×10%−105=2 145

2. 王某的下列收入中，应按照“劳务报酬所得”税目计征个人所得税的是（　　）元。

A. 应邀在校外讲课的课时费收入 2 600

B. 12 月的沿街商铺租金收入 3 000

C. 专利权使用费收入 5 000

D. 为校外某企业提供技术服务取得的收入 2 000

3. 根据个人所得税法律制度的规定，王某取得的下列收入计征个人所得税时，允许从收入中一次性减除费用 800 元的是（　　）。

A. 工资收入 5 000 元

B. 应邀在校外讲课的课时费收入 2 600 元

C. 专利权使用费收入 5 000 元

D. 为校外某企业提供技术服务取得的收入 2 000 元

4. 王某出租沿街商铺租金收入应缴纳税款所属的税种是（　　）。

A. 增值税　　B. 房产税

C. 城市维护建设税及教育费附加　　D. 个人所得税

5. 下列关于王某购买体育彩票中奖收入计征个人所得税的表述中，正确的是（　　）。

A. 捐赠额不超过应纳税所得额 30%的部分，可以从其应纳税所得额中扣除

B. 捐赠额准予从税前的所得额中全额扣除

C. 中奖收入应缴纳的个人所得税税额=（50 000−50 000×30%）×20%=7 000（元）

D. 中奖收入应缴纳的个人所得税税额=（50 000−20 000）×20%=6 000（元）

［答案及解析］

1. C

解析：在发放年终一次性奖金的当月，当雇员的当月工资、薪金高于（或等于）税法规定的扣除数（3 500 元）时，应纳税额的计算公式为：应纳税额=雇员当月取得的全年一次性奖金×适用税率−速算扣除数=24 000×10%−105=2 295（元）。其中，适用的税率和速算扣除数是由年终一次性奖金除以 12 所得的商数确定的。

2. AD

解析：（1）选项 A：应邀在校外讲课的课时费收入按“劳务报酬所得”计征个人所得税。（2）选项 B：个人取得的财产租赁收入按“财产租赁所得”计征个人所得税。（3）选项 C：个人取得的专利权使用费收入按“特许权使用费所得”计征个人所得税。（4）选项 D：为校外某企业提供技术服务取得的收入按“劳务报酬所得”计征个人所得税。

3. BD

解析：（1）选项 A：每月工资、薪金收入额减除费用 3 500 元。（2）选项 B：应邀在校外讲课的课时费收入每次不超过 4 000 元的，减除费用 800 元；超过 4 000 元的，费用应按 20%的比例扣除。（3）选项 C：专利权使用费收入每次不超过 4 000 元的，减除费用 800 元；4 000 元以上的，费用应按 20%的比例扣除。（4）选项 D：为校外某企业提供技术服务取得的收入每次不超过 4 000 元的，减除费用 800 元；4 000 元以上的，费用应按 20%的比例扣除。

4. ABCD

解析：（1）选项 A：出租商铺按照“现代服务业——租赁业”缴纳增值税。（2）选项 B：出租商铺应从租计征房产税。（3）选项 C：城市维护建设税和教育费附加是增值税和消费税的附加税。（4）选项 D：出租商铺取得的租金收入应按“财产租赁所得”税目缴纳个人所得税。

5. AC

解析：根据个人所得税法律制度的规定，中奖收入属于偶然所得，以每次收入额为应纳税所得额。个人通过我国境内非营利的社会团体、国家机关向教育、公益性事业和遭受严重自然灾害地区的捐赠，捐赠额不超过应纳税所得额 30%的部分，可以从其应纳税所得额中扣除。本题捐赠的扣除限额为 50 000×30%=15 000（元），应缴纳的个人所得税税额为（50 000−50 000×30%）×20%=7 000（元）。

三、实训题

实训目的：学习各项所得应纳税额的计算方法。

实训资料：我国公民陈某为某高校老师，其 2017 年的收入情况如下。

（1）3 月出版一本书，取得稿酬 6 000 元。该书 5—7 月被某晚报连载，陈某 5 月取得稿费 800 元，6 月取得稿费 800 元，7 月取得稿费 1 000 元。因该书畅销，9 月出版社增加印数，陈某又取得追加稿酬 5 000 元。

（2）5 月，购买社会福利彩票中奖 9 000 元。

（3）当年向两家单位提供专利权使用权，一次取得收入 3 500 元，另一次取得收入 5 500 元。

（4）6 月取得工资收入 5 300 元，当月发放第一季度考核奖金 4 000 元。

实训要求：按下列顺序回答问题。

（1）计算李某当年稿酬收入应纳个人所得税。

（2）计算李某当年社会福利彩票中奖收入应纳个人所得税。

（3）计算李某提供专利权使用权应纳个人所得税。

（4）计算李某 6 月工资和所获第一季度考核奖金应缴纳的个人所得税。

[解析]

（1）稿酬收入应缴纳的个人所得税为（6 000+5 000）×（1−20%）×20%×（1−30%）+（800+800+1 000−800）×20%×（1−30%）=1 484（元）。

（2）彩票中奖所得不超过 1 万元，免税。

（3）特许权使用费收入应纳税额为（3 500−800）×20%+5 500×（1−20%）×20%=1 420（元）。

（4）6 月工资和所获第一季度考核奖金应合并计算缴纳的个人所得税为（5 300+4 000−3 500）×20%−555=605（元）。

职业能力训练

一、单项选择题

1. 根据个人所得税法律制度的规定，下列个人中，属于居民纳税人的是（　　）。

   A. M 国甲来华学习 6 个月

   B. N 国乙 2016 年 9 月 1 日入境，2017 年 10 月 1 日离境

   C. X 国丙 2017 年 1 月 1 日入境，2017 年 12 月 20 日离境

   D. Y 国丁 2017 年 1 月 1 日入境，2017 年 11 月 20 日至 12 月 31 日离境

2. 根据个人所得税法律制度的规定，下列各项中，属于非居民纳税人的是（　　）。

   A. 在我国境内无住所的自然人

B. 在我国境内有住所，但目前未居住的自然人

C. 在我国境内无住所，但居住时间满 1 个纳税年度的自然人

D. 在我国境内无住所且不居住，但有来源于我国境内所得的自然人

3. 根据个人所得税法律制度的规定，下列各项中，属于“工资、薪金所得”税目的是（　　）。

A. 年终加薪　　B. 托儿补助费　　C. 差旅费津贴　　D. 独生子女补贴

4. 根据个人所得税法律制度的规定，下列各项中，属于“劳务报酬所得”税目的是（　　）。

A. 个人为单位或他人提供担保获得的报酬　B. 提供著作的版权而取得的报酬

C. 将国外的作品翻译出版取得的报酬　D. 高校教师受出版社委托进行审稿取得的报酬

5. 根据个人所得税法律制度的规定，下列收入中，应按“劳务报酬所得”税目缴纳个人所得税的是（　　）。

A. 退休人员再任职取得的收入　B. 从非任职公司取得的董事费收入

C. 从任职公司取得的监事费收入　D. 从任职公司关联企业取得的监事费收入

6. 根据个人所得税法律制度的规定，下列各项中，属于“稿酬所得”税目的是（　　）。

A. 从事书画展卖取得的报酬　B. 提供中间介绍服务取得的报酬

C. 报社记者在本报发表文章的所得　D. 受托从事文字翻译取得的报酬

7. 根据个人所得税法律制度的规定，下列收入中，不按“特许权使用费所得”税目征收个人所得税的是（　　）。

A. 转让专利权取得的所得

B. 提供著作权的使用权取得的所得

C. 作者将自己的文字作品手稿原件公开拍卖取得的所得

D. 作者将自己的文字作品手稿复印件公开拍卖取得的所得

8. 根据个人所得税法律制度的规定，个人转让房屋所得适用的税目是（　　）。

A. 财产转让所得　B. 特许权使用费所得

C. 偶然所得　D. 劳务报酬所得

9. 依据个人所得税法律制度的规定，个人转让有价证券取得的所得适用的税目是（　　）。

A. 偶然所得　B. 财产转让所得　C. 股息、红利所得 D. 特许权使用费所得

10. 根据个人所得税法律制度的规定，下列各项中，不属于个人所得税免税项目的是（　　）。

A. 个人举报违法行为获得的奖金

B. 外籍个人按合理标准取得的出差补贴

C. 个人按规定比例从工资中缴付的住房公积金

D. 残疾人从事个体工商业生产、经营取得的收入

11. 根据个人所得税法律制度的规定，下列个人所得中，应缴纳个人所得税的是（　　）。

A. 财产租赁所得　B. 退休工资　C. 保险赔款　D. 国债利息

12. 下列各项所得中，应当征收个人所得税的是（　　）。

A. 离退休人员取得的工资　B. 个人取得的储蓄存款的利息收入

C. 外籍个人以现金形式取得的住房补贴　D. 外籍个人以实报实销形式取得的伙食补贴

13. 根据个人所得税法律制度的规定，下列选项中，免征个人所得税的是（　　）。

A. 劳动分红　　B. 出版科普读物的稿酬所得
C. 年终奖金　　D. 转让自用 6 年唯一家庭生活用房所得

14. 某外籍专家甲在我国境内无住所，于 2017 年 2—11 月受聘来华工作。该期间甲每月取得我国境内企业支付的工资人民币 18 000 元，另以实报实销形式取得住房补贴人民币 5 000 元。甲在我国期间应缴纳的个人所得税总额为（　　）元。

A. 22 950　　B. 26 200　　C. 35 450　　D. 38 700

15. 某个人独资企业 2017 年度的销售收入为 250 000 元，发生广告费和业务宣传费 50 000 元，根据个人所得税法律制度的规定，该企业当年可以在税前扣除的广告费和业务宣传费最高为（　　）元。

A. 30 000　　B. 37 500　　C. 40 800　　D. 50 000

16. 在计算个体工商户的生产、经营所得时，个体工商户按规定缴纳的下列税金中，不可以扣除的是（　　）。

A. 增值税　　B. 消费税　　C. 教育费附加　　D. 印花税

17. 某演员一次获得表演收入 26 000 元，下列关于其缴纳劳务报酬所得的个人所得税的表述中，不正确的是（　　）。

A. 应纳税额 4 160 元　　B. 应纳税额 4 240 元
C. 适用加成征收方法　　D. 由演出单位代扣代缴个人所得税

18. 某人为非任职单位设计机械制造图纸，获得设计费收入 30 000 元，其应纳个人所得税的税额为（　　）元。

A. 8 000　　B. 6 000　　C. 5 200　　D. 12 000

19. 某工程师在业余时间为一企业设计产品，企业先支付其 30 000 元，第三个月设计完成后又支付其 50 000 元，该工程师应纳个人所得税（　　）元。

A. 16 000　　B. 18 600　　C. 22 000　　D. 25 000

20. 根据个人所得税法律制度的规定，下列稿酬所得在确定应纳税所得额时，可以被看作两次所得的是（　　）。

A. 同一作品再版取得的稿酬　　B. 同一作品出版后加印而追加的稿酬
C. 同一作品出版社分三次支付的稿酬　　D. 同一作品在报刊上连载，分次取得的稿酬

21. 某作家的一篇小说在一晚报上连载三个月，该作家取得的稿酬收入分别为 3 000 元、4 000 元、5 000 元。该作家三个月所获稿酬应缴纳个人所得税（　　）元。

A. 1 316　　B. 1 344　　C. 1 568　　D. 1 920

22. 某作家的一长篇小说先在某晚报上连载三个月，每月取得稿酬 3 600 元，然后送交出版社出版，一次取得稿酬 20 000 元。该作家需缴纳个人所得税（　　）元。

A. 3 416　　B. 3 449.6　　C. 3 752　　D. 4 009.6

23. 王某 2017 年将一项专利的使用权转让给 A 企业，收入 3 000 元，又将另一发明的使用权转让给 B 企业，取得收入 8 000 元。其因此应纳个人所得税（　　）元。

A. 1 280　　B. 1 720　　C. 1 760　　D. 1 960

24. 2017 年 9 月，王某出版一本小说，取得稿酬收入 80 000 元，从中拿出 20 000 元通过国

家机关捐赠给受灾地区。王某 2017 年 9 月应缴纳个人所得税（　　）元。

A. 6 160　　B. 6 272　　C. 8 400　　D. 8 960

25. 我国公民王某 2017 年月工资 5 750 元，年末一次性取得奖金 18 400 元，王某全年应缴个人所得税（　　）元。

A. 2 295　　B. 2 480　　C. 2 540　　D. 2 935

26. 2017 年 12 月，张某取得全年一次性奖金 50 000 元，当月取得工资收入 3 000 元，则张某当月应纳个人所得税（　　）元。

A. 3 245　　B. 4 000　　C. 4 895　　D. 4 845

27. 李某参加商场的有奖销售活动时，中奖收入 20 000 元。之后，李某通过民政部门向当地的敬老院捐款 5 000 元。李某该中奖所得应缴纳个人所得税（　　）元。

A. 2 800　　B. 4 000　　C. 3 000　　D. 3 200

28. 我国公民陈某 2017 年在 A 国取得劳务报酬收入 26 000 元，在 A 国已纳税款 5 000 元；同时在 B 国取得特许权使用费收入 15 000 元，在 B 国已纳税款 1 000 元，则这两项所得在我国应补缴税款（　　）元。

A. 0　　B. 1 400　　C. 1 200　　D. 640

29. 从我国境外取得所得的纳税人，应当在纳税年度终了后的一定期限内向我国境内主管税务机关办理纳税申报，该期限为（　　）日。

A. 7　　B. 15　　C. 30　　D. 45

30. 自行申报缴纳个人所得税的纳税人，当其在我国境内两处或两处以上取得工资、薪金所得时，其纳税地点应是（　　）

A. 收入来源地　　B. 个人户籍所在地　　C. 税务局指定地　　D. 上述中的固定一地

二、多项选择题

1. 根据个人所得税法律制度的规定，下列各项中，属于非居民纳税人的有（　　）。

A. 在我国境内无住所，但在我国境内居住满 1 个纳税年度的个人

B. 在我国境内无住所且不居住的个人

C. 在我国境内无住所，且在境内居住超过 6 个月不满 1 年的个人

D. 在我国境内有住所的个人

2. 根据个人所得税法律制度的规定，下列关于个人所得来源地的判断中，正确的有（　　）。

A. 特许权使用费所得，以特许权的使用地为所得来源地

B. 生产、经营所得，以生产、经营活动实现地为所得来源地

C. 财产租赁所得，以被租赁财产的使用地为所得来源地

D. 工资、薪金所得，以纳税人居住地为所得来源地

3. 根据个人所得税法律制度的规定，下列所得中，应按“劳务报酬所得”税目征收个人所得税的有（　　）。

A. 某大学教授从甲企业取得的咨询费

B. 某公司高管从乙大学取得的讲课费

C. 某设计院的设计师从丙家装公司取得的设计费

D. 某编剧从丁电视剧制作单位取得的剧本使用费

4. 下列个人收入中，应按照“特许权使用费所得”缴纳个人所得税的有（　　）。

A. 教师自行举办培训班取得的收入

B. 个人取得的特许权经济赔偿收入

C. 作家公开拍卖自己的文字作品手稿复印件的收入

D. 电视剧编剧从任职的电视剧制作中心获得的剧本使用费收入

5. 根据个人所得税法律制度的规定，个人所得税的税率形式有（　　）。

A. 比例税率　　B. 定额税率　　C. 超额累进税率　D. 超率累进税率

6. 根据个人所得税法律制度的规定，以下各项所得中，适用20%个人所得税税率的有（　　）。

A. 偶然所得　　B. 财产转让所得

C. 特许权使用费所得　　D. 对企事业单位的承包经营、承租经营所得

7. 根据个人所得税法律制度的规定，下列各项个人所得中，免征个人所得税的有（　　）。

A. 军人领取的转业费　　B. 教师工资所得

C. 作家拍卖手稿所得　　D. 工人取得的保险赔款

8. 根据个人所得税法律制度的规定，下列各项个人所得中，免征个人所得税的有（　　）。

A. 国债利息　　B. 个人存款储蓄利息

C. 企业债券利息　　D. 国家发行的金融债券利息

9. 根据个人所得税法律制度的规定，下列各项中，适用 5%～35%五级超额累进税率的有（　　）。

A. 个体工商户的生产、经营所得　　B. 合伙企业的生产、经营所得

C. 个人独资企业的生产、经营所得　　D. 对企事业单位的承包、承租经营所得

10. 根据个人所得税法律制度的规定，下列项目中，属于“劳务报酬所得”税目的有（　　）。

A. 个人书画展上卖画取得的报酬　　B. 提供著作的版权而取得的报酬

C. 将国外的作品翻译出版取得的报酬　　D. 高校教师受出版社委托进行审稿取得的报酬

11. 根据个人所得税法律制度的规定，下列表述中，正确的有（　　）。

A. 退休人员再任职取得的收入按“劳务报酬所得”应税项目缴纳个人所得税

B. 个人兼职取得的收入按“劳务报酬所得”应税项目缴纳个人所得税

C. 个人取得的公务交通、通信补贴收入并入“工资、薪金所得”计征个人所得税

D. 对在我国境内无住所的个人，一次取得的数月奖金或年终加薪可单独作为一个月的工资、薪金所得计算纳税

12. 下列个人所得中，在计算个人所得税应纳税所得额时，可按月减除 3 500 元费用的有（　　）。

A. 工资、薪金所得　　B. 财产转让所得

C. 个体工商户的生产、经营所得　　D. 对企事业单位的承包、承租经营所得

13. 根据个人所得税法律制度的规定，下列稿酬所得中，应合并为一次所得计征个人所得税的有（　　）。

A. 同一作品再版取得的稿酬　　B. 同一作品出版后加印而追加的稿酬

C. 同一作品出版社分三次支付的稿酬　　D. 同一作品在报刊上连载，分次取得的稿酬

14. 某高校四位教师共同编写一本教材，共获得稿费 30 000 元。其中，主编一人得 15 000 元，其余稿费三人平分。上述四位教师的个人所得税纳税情况包括（　　）。

A. 四人各自纳税 840 元　　B. 主编一人纳税 1 680 元

C. 四笔稿费共纳税 3 360 元　　D. 除主编以外三人各纳税 560 元

15. 根据个人所得税法律制度的规定，下列各项中，以每次收入额为应纳税所得额计征个人所得税的有（　　）。

A. 稿酬所得　　B. 偶然所得　　C. 股息所得　　D. 特许权使用费所得

16. 根据个人所得税法律制度的规定，个人发生的下列公益、救济性捐赠支出，准予在税前全额扣除的有（　　）。

A. 通过国家机关向红十字事业的捐赠

B. 通过国家机关向农村义务教育的捐赠

C. 通过非营利社会团体向贫困地区的捐赠

D. 通过非营利社会团体向公益性青少年活动场所的捐赠

17. 李某是居民纳税人，2017 年从 A 国取得特许权使用费所得（税前）折合人民币 8 000 元，已在 A 国缴纳个人所得税 400 元；从 B 国取得翻译所得（税前）折合人民币 60 000 元，已在 B 国缴纳个人所得税 18 000 元。下列说法中，正确的有（　　）。

A. 对 A 国所得补缴个人所得税 880 元　　B. 对 A 国所得不补缴个人所得税

C. 对 B 国所得补缴个人所得税 5 600 元　　D. 对 B 国所得不补缴个人所得税

18. 根据个人所得税法律制度的规定，下列各项中，纳税人应当自行申报缴纳个人所得税的有（　　）。

A. 年所得 12 万元以上的

B. 从我国境外取得所得的

C. 取得应税所得没有扣缴义务人的

D. 从我国境内两处或者两处以上取得工资、薪金所得的

三、判断题

1. 个人所得税是对个人（自然人）取得的各项应税所得征收的一种税。（　　）

2. 个人独资企业和合伙企业不缴纳企业所得税，只对投资者个人取得的生产经营所得缴纳个人所得税。（　　）

3. 个人所得税的纳税人，依据住所和居住时间被划分为居民纳税人和非居民纳税人。（　　）

4. 居民纳税人从我国境内和境外取得的所得，应当分别计算应纳税额。（　　）

5. 对于工资、薪金所得，以纳税人任职、受雇单位的所在地为所得来源地。（　　）

6. 企业年底以实物形式发放给单位职工的奖金，职工不需要缴纳个人所得税。（　　）

7. 翻译、审稿、书画所得为稿酬所得。（　　）

8. 个人独资企业和合伙企业生产经营所得在计算缴纳个人所得税时，投资者个人的工资不得作为企业的成本或费用在税前列支。（　　）

9. 劳务报酬收入一次性超过 20 000 元的应加成征税。（　　）

10. 对个人转让 5 年以上生活用房取得的所得，免征个人所得税。（　　）

11. 钱先生有两处住房，2017 年他将其中一处居住了 15 年的房屋卖掉，取得收入 20 万元。这笔所得可免征个人所得税。（　　）

12. 个人向社会公益性事业及遭受自然灾害地区、贫困地区的捐赠，捐赠额未超过纳税人申报的应纳税所得额 3%的部分，可从其应纳税所得额中扣除。（　　）

13. 一位我国公民同时在两个单位任职，从 A 单位每月取得薪金收入 3 100 元，从 B 单位每月取得薪金收入 3 900 元。根据个人所得税法律制度的规定，其应纳个人所得税已由单位扣缴，个人不需申报缴纳。（　　）

14. 从两处或两处以上取得工资、薪金所得的个人，需选择并固定在其中一处税务机关自行申报纳税。（　　）

15. 居民纳税人从境外取得所得的，应向其境内户籍所在地或经营居住地税务机关申报纳税。（　　）

四、不定项选择题

（一）

我国公民李某就职于国内某律师事务所，2017 年除工资、薪金收入外，其他收入情况如下。

（1）1 月，将新购的 1 套公寓住房出租，租期半年，每月收取租金 3 500 元。7 月，将该套公寓以市场价出售，扣除购房成本及相关交易税费后所得 60 000 元。

（2）为某报社法制专栏撰稿，稿件以连载形式刊登。8 月刊登 3 次，9 月刊登 2 次，每次收入 700 元。

（3）11 月，为一家培训机构授课 2 次，每次收入 2 100 元。

（4）兼任甲公司独立董事，取得董事津贴 30 000 元。

要求：根据上述材料，分析回答下列 1～4 题。

1. 关于计算缴纳李某个人所得税的下列表述中，正确的是（　　）。
   A. 出售公寓收入按照“财产转让所得”税目计缴
   B. 撰稿收入按照“稿酬所得”税目计缴
   C. 授课收入按照“劳务报酬所得”税目计缴
   D. 董事津贴按照“劳务报酬所得”税目计缴

2. 李某出租公寓的租金收入应缴纳（　　）。
   A. 房产税　　B. 个人所得税　　C. 增值税及附加　　D. 契税

3. 报社代扣代缴李某个人所得税的下列方法中，正确的是（　　）。
   A. 按每次支付金额 700 元分别计算缴纳
   B. 以每月支付金额为一次计算缴纳
   C. 以达到扣除标准的累计支付金额为一次计算缴纳
   D. 以连载完成后支付的合计金额为一次计算缴纳

4. 李某缴纳个人所得税的下列计算中，正确的是（　　）元。

A. 出租公寓每月租金收入应纳个人所得税税额=3 500×（1-20%）×10%=280

B. 出售公寓收入应纳个人所得税税额=60 000×20%=12 000

C. 董事津贴应纳个人所得税税额=30 000×（1-20%）×30%-2 000=5 200

D. 授课收入应纳个人所得税税额=（4 200-800）×20%=680

（二）

李某系我国公民，就职于境内甲公司，2018 年 6 月从境内取得如下收入。

（1）工资收入 4 800 元，奖金收入 1 600 元，岗位津贴 800 元，交通补贴 500 元。

（2）一年期银行存款利息总收入 1 000 元，二级市场股票买卖所得 4 000 元。

（3）为乙单位授课取得收入 2 000 元，稿费收入 900 元。

（4）将 2017 年 1 月投资 100 万元购置的一套商品房出售给王某，合同中注明的价款为 120 万元。

（5）受丙公司委托进行软件设计，取得设计费 3 000 元。

要求：根据上述资料，分析回答下列 1～4 题。

1. 下列关于李某工资、薪金所得应纳个人所得税税额的计算中，正确的是（　　）元。

A.（4 800-3 500）×3%=39

B.［（4 800+1 600）-3 500］×10%-105=185

C.［（4 800+1 600+800）-3 500］×10%-105=265

D.［（4 800+1 600+800+500）-3 500］×10%-105=315

2. 李某的下列收入中，免于缴纳个人所得税的是（　　）。

A. 银行存款利息收入 1 000 元　　B. 股票买卖所得 4 000 元

C. 授课收入 2 000 元　　D. 稿费收入 900 元

3. 李某出售商品房应缴纳（　　）。

A. 契税　　B. 房产税　　C. 增值税及附加　　D. 个人所得税

4. 李某受托进行软件设计所取得的收入，在计缴个人所得税时适用的税目是（　　）。

A. 工资、薪金所得　　B. 特许权使用费所得

C. 劳务报酬所得　　D. 偶然所得

五、实训题

（一）

实训目的：学习各项所得应纳税额的计算方法。

实训资料：我国公民李某 2017 年 10 月的收入如下。

（1）本月实际取得工资收入 6 200 元（已扣除按国家规定比例提取上缴的“五险一金”、独生子女补贴 100 元）。

（2）因投保财产遭受损失，取得保险赔款 5 000 元；另外，本月还取得国库券利息收入 200 元、单位集资利息收入 1 800 元。

（3）李某共有两套住房，本月将另一城市的一套住房出售，取得转让收入 1 500 000 元，该房屋原值 800 000 元。卖房时支付有关税费 85 000 元（不含增值税）、广告费 15 000 元。

（4）李某与他人共同编写一本著作，取得稿酬 20 000 元，各分得 10 000 元。

（5）本月接受邀请给一个单位讲学 2 次，第一次取得报酬 2 000 元，第二次取得报酬 1 500 元。

实训要求：根据以上资料，计算李某 2017 年 10 月各项所得应纳的个人所得税税额。

（二）

实训目的：学习个人年终一次性奖金及公益救济性捐赠应纳税额的计算方法。

实训资料：高级工程师王某（我国公民）2017 年月工资收入 6 200 元，1—11 月已按规定缴纳了个人所得税，12 月另有如下四笔收入。

（1）年终一次性奖金 18 400 元。

（2）一次取得建筑工程设计费 40 000 元，从中拿出 10 000 元通过民政局捐赠给灾区。

（3）取得利息收入 5 000 元，其中工商银行存款利息 2 000 元、单位集资利息 3 000 元。

（4）取得省级人民政府颁发的科技奖奖金 20 000 元。

实训要求：计算王某 2017 年 12 月需缴纳的个人所得税税额。

（三）

实训目的：学习个人各项所得应纳税额的计算方法。

实训资料：我国公民李某在国内某单位任职，2017 年 10 月取得如下收入。

（1）工资收入 5 000 元，当月奖金 1 000 元，季度奖金 2 400 元。

（2）接受某公司邀请担任技术顾问，取得收入 6 500 元。

（3）将一套住房出租，月租金 4 500 元，当月支付房屋修缮费 100 元，不再考虑其他税费。

（4）因汽车失窃，获得保险公司赔偿 8 万元。

（5）取得购买国债的利息收入 500 元。

实训要求：计算李某当月各项所得应纳的个人所得税。

（四）

实训目的：个人所得税境外所得已纳税额的抵免。

实训资料：我国公民李某，2017 年 1—12 月每月从我国境内取得工资收入 5 500 元。当年还从 A 国取得特许权使用费所得 8 000 元，从 B 国取得稿酬收入 3 000 元，其已按 A、B 两国的税法分别缴纳了个人所得税人民币 1 100 元和 500 元。

实训要求：计算李某 2017 年度应纳的个人所得税。

项目七
资源税

学习指导

一、学习目标

- 掌握资源税的构成要素；
- 掌握城镇土地使用税的构成要素；
- 掌握耕地占用税的构成要素；
- 掌握土地增值税的构成要素；
- 掌握城镇土地使用税的税收减免优惠政策；
- 会正确计算资源税应纳税额；
- 会正确计算城镇土地使用税应纳税额；
- 会正确计算耕地占用税应纳税额；
- 会正确计算土地增值税应纳税额。

二、重点

- 资源税应纳税额的计算；
- 城镇土地使用税应纳税额的计算；
- 土地增值税应纳税额的计算；
- 城镇土地使用税的税收优惠政策。

三、难点

- 土地增值税征税范围的判定；
- 城镇土地使用税的税收优惠政策。

四、主要知识

知识类	知识点	具体内容
资源税	征税范围	在我国境内开采的应税矿产品和生产的盐两大类。具体包括以下几种：原油、天然气、煤炭、金属矿、非金属矿原矿、海盐
	纳税义务人	在中华人民共和国领域及管辖海域开采应税资源的矿产品或者生产盐的单位和个人。收购未税矿产品的单位为资源税的扣缴义务人
	税率	比例税率和定额税率
	减免税优惠	开采原油过程中用于加热、修井的原油，免税； 纳税人在开采或生产应税产品过程中，因意外事故或者自然灾害等原因遭受重大损失的，由省、自治区、直辖市人民政府酌情决定减税或者免税； 我国油气田稠油、高凝油和高含硫天然气资源税减征 40%，三次采油资源税减征 30%，低丰度油气田资源税暂减征 20%，深水油气田资源税减征 30%，油田范围内运输稠油过程中用于加热的原油天然气免征资源税； 对地面抽采煤层气暂不征收资源税； ……
	应纳税额的计算	计税依据为纳税人开采的应税矿产品或生产的盐的销售额或者销售数量
		计算公式为 应纳税额=销售额×比例税率 或 应纳税额=销售数量×单位税额
	纳税义务发生时间	纳税人销售应税产品时采取分期收款结算方式的，其纳税义务发生时间为销售合同规定的收款日期的当天； 纳税人销售应税产品时采取预收货款结算方式的，其纳税义务发生时间为发出应税产品的当天； 纳税人销售应税产品时采取其他结算方式的，其纳税义务发生时间为收讫销售款或者取得索取销售款凭据的当天； 纳税人自产自用应税产品的纳税义务发生时间，为移送使用应税产品的当天； 扣缴义务人代扣代缴税款的纳税义务发生时间，为支付首笔货款或者开具应支付货款凭据的当天
	纳税期限	为 1 日、3 日、5 日、10 日、15 日或 1 个月，由主管税务机关根据实际情况具体核定。不能按固定期限计算纳税的，可以按次计算纳税
	纳税地点	缴纳资源税的纳税人，应当向应税产品开采或者生产所在地的主管税务机关缴纳税款； 纳税人在本省、自治区、直辖市范围内开采或者生产应税产品，其纳税地点需要调整的，由所在地省、自治区、直辖市税务机关决定； 纳税人跨省、自治区、直辖市开采，其下属生产单位与核算单位不在同一省、自治区、直辖市的，其开采的矿产品一律在开采地纳税，其应纳税款由独立核算、自负盈亏的单位，按照开采地的实际销售量（或者自用量）及适用的单位税额计算划拨； 扣缴义务人代扣代缴的资源税，也应当向收购地主管税务机关缴纳
城镇土地使用税	征税范围	城市、县城、建制镇和工矿区内的国家所有和集体所有的土地
	纳税义务人	拥有土地使用权的单位和个人； 拥有土地使用权的单位和个人不在土地所在地的，其土地的实际使用人和代管人为纳税人； 土地使用权未确定或权属纠纷未解决的，其实际使用人为纳税人； 土地使用权共有的，共有各方都是纳税人，由共有各方分别纳税

续表

知识类	知识点	具体内容
城镇土地使用税	税率	有幅度的差别定额税率
	减免税优惠	国家机关、人民团体、军队自用的土地免交城镇土地使用税； 由国家财政部门拨付事业经费的单位自用的土地免交城镇土地使用税； 宗教寺庙、公园、名胜古迹自用的土地免交城镇土地使用税； 市政街道、广场、绿化地带等公共用地免交城镇土地使用税； 直接用于农、林、牧、渔业的生产用地免交城镇土地使用税； ……
	应纳税额的计算	计税依据是纳税人实际占用的土地面积
		计算公式为 全年应纳税额=实际占用应税土地面积（平方米）×适用税额
	纳税义务发生时间	纳税人购置新建商品房，自房屋交付使用之次月起缴纳城镇土地使用税。 纳税人购置存量房，自办理房屋权属转移、变更登记手续，房地产权属登记机关签发房屋权属证书之次月起缴纳城镇土地使用税。 纳税人出租、出借房产，自交付出租、出借房产之次月起缴纳城镇土地使用税。 以出让或转让方式有偿取得土地使用权的，应由受让方从合同约定交付土地时间的次月起缴纳城镇土地使用税；合同未约定交付土地时间的，由受让方从合同签订的次月起缴纳城镇土地使用税。 纳税人新征用的耕地，自批准征用之日起满一年时开始缴纳城镇土地使用税。 纳税人新征用的非耕地，自批准征用次月起缴纳城镇土地使用税
	纳税期限	按年计算、分期缴纳
	纳税地点	由土地所在地的税务机关征收
耕地占用税	征税范围	一切用于建房或从事非农业建设占用的国家和集体的耕地
	纳税义务人	占用耕地建房或者从事非农业建设的单位或个人
	税率	地区差别定额税率
	减免税优惠	军事设施占用耕地免征耕地占用税； 学校、幼儿园、养老院、医院占用耕地免征耕地占用税； 铁路线路、公路线路、飞机场跑道、停机坪、港口、航道占用耕地，减按每平方米 2 元的税额征收耕地占用税； ……
	应纳税额的计算	计税依据是纳税人实际占用的耕地面积
		计算公式为 应纳耕地占用税税额=实际占用耕地面积×适用税额
	纳税义务发生时间	经批准占用耕地的，耕地占用税纳税义务发生时间为纳税人收到土地管理部门办理占用农用地手续通知的当天； 未经批准占用耕地的，耕地占用税纳税义务发生时间为纳税人实际占用耕地的当天
	纳税期限	按照“先缴税后用地”的原则一次性征收。获准占用耕地的单位或个人应当在收到土地管理部门的通知之日起 30 日内缴纳耕地占用税
	纳税地点	纳税人占用耕地或其他农用地的，应当在耕地或其他农用地所在地申报纳税

续表

知识类	知识点	具体内容
土地增值税	征税范围	转让国有土地使用权、地上的建筑物及其附着物并取得收入的行为
	纳税义务人	转让国有土地使用权、地上的建筑物及其附着物（简称房地产）并取得收入的单位和个人
	税率	四级超率累进税率
	减免税优惠	建造普通标准住宅的税收优惠。纳税人建造普通标准住宅出售，增值额未超过扣除项目金额20%的，免征土地增值税； 国家征用、收回的房地产的税收优惠； 企事业单位、社会团体以及其他经济组织转让旧房，将其作为廉租住房、经济适用房房源且增值额未超过扣除项目金额20%的，免征土地增值税； 居民个人转让住房一律免征土地增值税
	应纳税额的计算	计税依据是纳税义务人转让房地产所取得的增值额，计算公式为 增值额=转让房地产所取得的应税收入−法定扣除项目金额 扣除项目包括取得土地使用权所支付的金额，房地产开发成本，房地产开发费用，旧房及建筑物的评估价格，与转让房地产有关的税金，加计扣除金额
		计算公式为 土地增值税税额=增值额×税率−扣除项目金额×速算扣除系数
	纳税期限	纳税人应当自转让房地产合同签订之日起 7 日内向房地产所在地主管税务机关办理纳税申报，并在税务机关核定的期限内缴纳土地增值税
	纳税清算	符合下列情形之一的，纳税人应当进行土地增值税的清算：房地产开发项目全部竣工、完成销售的，整体转让未竣工决算房地产开发项目的，直接转让土地使用权的。 符合下列情形之一的，主管税务机关可要求纳税人进行土地增值税清算：已竣工验收的房地产开发项目，已转让的房地产建筑面积占整个项目可售建筑面积的比例在85%以上，或该比例虽未超过85%，但剩余的可售建筑面积已经出租或自用的；取得销售（预售）许可证满三年仍未销售完毕的；纳税人申请注销税务登记但未办理土地增值税清算手续的；省税务机关规定的其他情况
	纳税地点	在房地产所在地主管税务机关办理纳税申报，具体又可以分为以下两种情况。 纳税人是法人的，当转让的房地产坐落地与其机构所在地或经营所在地一致时，在办理税务登记的原管辖税务机关申报纳税即可；如果转让的房地产坐落地与其机构所在地或经营所在地不一致，则应在房地产坐落地税务机关申报纳税。 纳税人是自然人的，当转让的房地产坐落地与其居住所在地一致时，在居住所在地税务机关申报纳税；当转让的房地产坐落地与其居住所在地不一致时，在办理过户手续所在地的税务机关申报纳税

典型例题分析

一、单项选择题

1. 下列各项中，属于资源税征税范围的是（　　）。

A. 人造石油　　B. 砂石

C. 蜂窝煤　　D. 开采煤矿过程中产生的天然气

［答案］B

［解析］选项 A、C、D：不属于资源税征税范围。选项 B：砂石属于非金属矿原矿，属于资源税征税范围。

2. 下列行为中，既缴纳增值税又缴纳资源税的是（　　）。

A. 工业企业生产销售居民用煤炭制品　　B. 盐场生产销售井矿盐

C. 外贸企业进口大理石　　D. 煤矿将自产原煤移送加工洗煤

［答案］B

［解析］选项 A、C：需要缴纳增值税，但是不缴纳资源税。选项 D：需要缴纳资源税，但是不缴纳增值税。

3. 下列情况中，应当缴纳城镇土地使用税的是（　　）。

A. 市区公园用地　　B. 某工矿区的产品仓库用地

C. 农村造纸厂用地　　D. 市政街道绿化地带用地

［答案］B

［解析］本题考核城镇土地使用税的税收优惠政策。农村的土地不是城镇土地使用税的征税范围，公园用地和市政街道绿化地带用地免征城镇土地使用税。

4. 根据耕地占用税法律制度的规定，获准占用耕地的单位或者个人耕地占用税的纳税期限是（　　）。

A. 实际占用耕地之日起 15 日内

B. 实际占用耕地之日起 30 日内

C. 收到土地管理部门的通知之日起 15 日内

D. 收到土地管理部门的通知之日起 30 日内

［答案］D

［解析］本题考核耕地占用税的纳税期限。获准占用耕地的单位或者个人应当在收到土地管理部门的通知之日起 30 日内缴纳耕地占用税。

5. 按税法规定，可以免征或不征土地增值税的是（　　）。

A. 国家机关转让自用的房产　　B. 税务机关拍卖欠税单位的房产

C. 对国有企业进行评估后增值的房产　　D. 投资于房地产开发企业的房地产项目

［答案］C

［解析］选项 C：对国有企业进行评估后增值的房产，产权未发生转移的，不需要缴纳土地增值税。

二、多项选择题

1. 下列各项中，符合资源税纳税义务发生时间规定的有（　　）。

A. 采取分期收款结算方式的为实际收到款项的当天

B. 采取预收贷款结算方式的为发出应税产品的当天

C. 自产自用应税产品的为移送使用应税产品的当天

D. 采取其他结算方式的为收讫销售款或取得索取销售款凭据的当天

［答案］BCD

［解析］选项 A：纳税人销售应税产品采取分期收款结算方式的，其纳税义务发生时间为销售合同规定的收款日期的当天。

2. 甲、乙两家企业共有一项土地使用权，土地面积为 2 500 平方米，甲、乙两家企业的实际占用比例为 3 : 2。已知该土地适用的城镇土地使用税税额为每平方米 5 元。下列关于甲、乙企业共用该土地应缴纳的城镇土地使用税税额的说法中，正确的有（　　）。

A. 甲企业应纳城镇土地使用税 7 500 元　B. 甲企业应纳城镇土地使用税 12 500 元

C. 乙企业应纳城镇土地使用税 5 000 元　D. 乙企业应纳城镇土地使用税 12 500 元

［答案］AC

［解析］土地使用权共有的，以共有各方实际使用土地的面积占总面积的比例，分别计算缴纳城镇土地使用税。

3. 下列单位中，属于土地增值税纳税人的有（　　）。

A. 建造房屋的施工单位　B. 中外合资房地产公司

C. 转让国有土地的事业单位　D. 负责房地产管理的物业公司

［答案］BC

［解析］转让国有土地使用权、地上的建筑物及其附着物并取得收入的单位和个人为土地增值税的纳税义务人。

4. 房地产开发公司支付的下列相关税费，可以按 20%的比例加计扣除的有（　　）。

A. 支付给建筑人员的工资福利费　B. 占用耕地缴纳的耕地占用税

C. 销售过程中发生的销售费用　D. 开发小区内的道路建设费用

［答案］ABD

［解析］对从事房地产开发的纳税人，可按取得土地使用权所支付的金额和房地产开发成本的金额之和，加计 20%扣除。支付给建筑人员的工资福利费、占用耕地缴纳的耕地占用税、开发小区内的道路建设费用计入开发成本，可以加计扣除；销售过程中发生的销售费用属于房地产开发费用，不能加计扣除。

三、实训题

实训目的：学习土地增值税应纳税额的计算方法。

实训资料：甲公司开发的一个房地产开发项目已经竣工结算，此项目已缴纳土地出让金 300 万元，获得土地使用权后甲公司立即开始开发此项目，建成 10 000 平方米的普通标准住宅，以 4 000 元/平方米的价格全部出售，开发土地、新建房及配套设施的成本为每平方米 1 500 元，不能按转让房地产项目计算分摊利息支出，账面房地产开发费用为 200 万元。已经缴纳增值税 100 万元、城建税等其他税 70 万元。

已知：该公司所在省人民政府规定的房地产开发费用的计算扣除比例为 10%。

实训要求：请计算甲公司应缴纳的土地增值税。

［解析］

（1）收入总额=4 000×10 000=40 000 000（元）=4 000（万元）。

（2）扣除项目金额。

① 购买土地使用权费用 300 万元。

② 开发成本：1 500×10 000=15 000 000（元）=1 500（万元）。

③ 加计扣除：（300+1 500）×20%=1 800×20%=360（万元）。

④ 房地产开发费用：（300+1 500）×10%=180（万元）。

⑤ 税金：70 万元。

扣除项目金额=300+1 500+360+180+70=2 410（万元）。

（3）增值额=4 000−2 410=1 590（万元）。

（4）增值率=1 590÷2 410×100%=65.98%。

（5）增值率 65.98%适用的税率是 40%，速算扣除系数是 5%。

（6）应纳税额=1 590×40%−2 410×5%=636−120.50=515.5（万元）。

职业能力训练

一、单项选择题

1. 根据资源税法律制度的规定，下列各项中，不属于资源税征税范围的是（　　）。

A. 天然原油　　B. 铁矿精矿

C. 煤矿生产的天然气　　D. 以未税原煤加工的洗选煤

2. 根据资源税法律制度的规定，以下企业中，属于资源税纳税人的是（　　）。

A. 出口盐的外贸企业　　B. 开采石灰石的合资企业

C. 外购原煤销售的商贸企业　　D. 进口有色金属矿原矿的进口公司

3. 资源税纳税人开采或者生产不同税目应税产品的，应当分别核算不同税目应税产品的销售额或者销售数量；未分别核算或者不能准确提供不同税目应税产品的销售额或者销售数量的，（　　）。

A. 从高适用税率　B. 从低适用税率　C. 由主管税务机关核定　D. 由财政部核定

4. 根据资源税法律制度的规定，下列各项中，免征资源税的是（　　）。

A. 开采原油过程中用于加热修井的原油　B. 开采后用于基建部门的原油

C. 开采后出口的原油　　D. 开采后销售的原油

5. 某油田 2018 年 5 月开采原油 300 吨，将其中 100 吨销售给甲企业，不含税销售价格为 8 000 元/吨；将其中 100 吨销售给乙企业，不含税销售价格为 9 000 元/吨；剩余的 100 吨交由关联单位对外销售，关联单位当月全部对外出售，不含税售价为 9 500 元/吨。已知原油适用的资源税税率为 6%，则该油田当月应缴纳资源税（　　）万元。

A. 14.65　B. 15.15　C. 15.4　D. 15.9

6. 某天然气开采企业 2018 年 5 月在境内开采天然气 200 万立方米，当月销售给甲企业 100 万立方米，不含税销售价格为 3 元/立方米；当月销售给乙企业 80 万立方米，不含税销售价格为 4 元/立方米；移送 10 万立方米给职工食堂，剩余的 10 万立方米作为库存待售。天然气适用的资源税税率为 6%，则该企业当月应缴纳资源税（　　）万元。

A. 37.55　B. 39.05　C. 39.26　D. 39.55

7. 某煤矿2018年5月销售自产原煤，取得不含税销售额200万元；另将自产未税原煤移送加工成洗选煤30万吨，当月对外销售洗选煤21万吨，每吨售价500元。已知，煤炭适用的资源税税率为8%，洗选煤的折算率为80%，则该煤矿2018年5月应缴纳资源税（ ）万元。

A. 16　B. 856　C. 688　D. 684.8

8. 根据资源税法律制度的规定，资源税代扣代缴义务人代扣代缴的税款，其纳税义务发生时间是（ ）。

A. 收到货物的当天

B. 办妥收货手续的当天

C. 主管税务机关确定的时间

D. 支付首笔货款或首次开具支付货款凭据的当天

9. 根据城镇土地使用税法律制度的规定，下列表述中，错误的是（ ）。

A. 城镇土地使用税的征税范围为城市、县城、建制镇和工矿区范围内的土地

B. 土地使用权未确定或权属纠纷未解决的，由实际使用人纳税

C. 尚未核发土地使用证的，暂不缴纳城镇土地使用税

D. 城镇土地使用税以纳税人实际占用的土地面积（平方米）为计税依据

10. 根据城镇土地使用税法律制度的规定，下列各项中，不属于城镇土地使用税征税范围的是（ ）。

A. 集体所有的位于农村的土地　B. 集体所有的位于建制镇的土地

C. 国家所有的位于工矿区的土地　D. 集体所有的位于城市的土地

11. 根据城镇土地使用税法律制度的规定，下列各项中，属于城镇土地使用税计税依据的是（ ）。

A. 建筑面积　B. 使用面积　C. 居住面积　D. 实际占用土地的面积

12. 甲公司与市政府机关自2017年1月1日起共同使用一栋楼房，该楼房占地面积1 000平方米，该公司与市政府的占用比例为4∶1。当地规定城镇土地使用税税额为每平方米5元，则该公司2017年度应缴纳城镇土地使用税（ ）元。

A. 0　B. 1 000　C. 4 000　D. 5 000

13. 甲房地产开发企业开发一住宅项目，实际占地面积10 000平方米，建筑面积为20 000平方米，容积率为2.0，甲房地产开发企业缴纳的城镇土地使用税的计税依据为（ ）平方米。

A. 20 000　B. 10 000　C. 26 000　D. 18 000

14. 2017年8月，甲公司开发某住宅社区，经批准共占用耕地150 000平方米。其中，800平方米用于兴建幼儿园，5 000平方米用于修建学校。已知耕地占用税的适用税率为30元/平方米，则甲公司应缴纳耕地占用税税额的下列算式中，正确的是（ ）。

A. 150 000×30=4 500 000（元）　B.（150 000−800−5 000）×30=4 326 000（元）

C.（150 000−5 000）×30=4 350 000（元）D.（150 000−800）×30=4 476 000（元）

15. 根据土地增值税法律制度的规定，下列各项中，应当征收土地增值税的是（ ）。

A. 公司与公司之间互换房产　B. 房地产开发公司为客户代建房产

C. 兼并企业从被兼并企业处取得房产　D. 双方合作建房后按比例分配自用房产

16. 根据土地增值税法律制度的规定，以下优惠政策中，正确的是（　　）。

A. 建造高等公寓出售的，增值额未超过扣除项目金额之和20%的，免征土地增值税

B. 企事业单位、社会团体及其他组织转让旧房作为公租房房源的，免征土地增值税

C. 因国家建设需要，依法征用、收回的房地产，免征土地增值税

D. 对纳税人既建普通标准住宅，又进行其他房地产开发的，应分别核算增值额；未分别核算增值额或不能准确核算增值额的，其建造的普通标准住宅由各省、自治区、直辖市税务机关确定是否减免土地增值税

17. 根据土地增值税法律制度的规定，下列各项中，属于土地增值税计税依据的是（　　）。

A. 销售收入　　B. 增值额　　C. 会计利润　　D. 扣除项目金额

18. 土地增值税的纳税人是法人的，转让房地产的坐落地与其机构所在地或经营所在地不一致时，应在（　　）所管辖的税务机关申报纳税。

A. 房地产坐落地　　B. 机构所在地

C. 经营所在地　　D. 房地产转让实现地

二、多项选择题

1. 根据资源税法律制度的规定，下列各项中，属于资源税征税范围的有（　　）。

A. 人造石油　　B. 煤矿生产的天然气

C. 与原油同时开采的天然气　　D. 焦煤

2. 根据资源税法律制度的规定，下列各项中，属于资源税纳税人的有（　　）。

A. 在我国境内开采原煤销售的国有企业　　B. 在我国管辖海域开采原油销售的油田

C. 进口天然原油的军事单位　　D. 出口自产铜矿原矿的独立矿山

3. 根据资源税法律制度的规定，下列行为中，应当征收资源税的有（　　）。

A. 用于出口的自产应税矿产品　　B. 用于销售的自产应税矿产品

C. 用于对外赠送的自产应税矿产品　　D. 作为职工福利的自产应税矿产品

4. 某天然气开采企业销售自行开采的天然气时应缴纳（　　）。

A. 增值税　　B. 消费税　　C. 城建税　　D. 资源税

5. 根据资源税法律制度的规定，下列关于资源税纳税义务发生时间的表述中，正确的有（　　）。

A. 纳税人采取分期收款结算方式销售应税产品的，其纳税义务发生时间为实际收到销售款的当天

B. 纳税人采取预收货款结算方式销售应税产品的，其纳税义务发生时间为发出应税产品的当天

C. 纳税人自产自用应税产品的，其纳税义务发生时间为移送使用应税产品的当天

D. 扣缴义务人代扣代缴资源税的纳税义务发生时间为支付首笔货款或首次开具支付货款凭据的当天

6. 下列关于资源税纳税地点的表述中，正确的有（　　）。

A. 资源税纳税人应向开采或生产所在地主管税务机关纳税

B. 跨省、自治区、直辖市开采的，其下属生产单位与核算单位不在同一省、自治区、直辖市的，在开采地纳税

C. 扣缴义务人应向收购地主管税务机关缴纳代扣代缴的资源税

D. 纳税人在本省、自治区、直辖市范围内开采或者生产应税产品，其纳税地点需要调整的，由所在地省、自治区、直辖市税务机关决定

7. 关于确定城镇土地使用税纳税人的下列表述中，符合法律制度规定的有（　　）。

A. 拥有土地使用权的单位或个人为纳税人

B. 拥有土地使用权的单位或个人不在土地所在地的，以代管人或实际使用人为纳税人

C. 土地使用权未确定或权属纠纷未解决的，以实际使用人为纳税人

D. 土地使用权共有的，以共有各方为纳税人

8. 根据城镇土地使用税法律制度的规定，下列城市土地中，免征城镇土地使用税的有（　　）。

A. 企业生活区用地　　B. 国家机关自用的土地

C. 名胜古迹自用的土地　　D. 市政街道公共用地

9. 下列关于城镇土地使用税计税依据的表述中，正确的有（　　）。

A. 城镇土地使用税以纳税人实际占用的土地面积为计税依据

B. 凡由省、自治区、直辖市人民政府确定的单位组织测定土地面积的，以测定的面积为准

C. 尚未组织测量，但纳税人持有政府部门核发的土地使用证书的，以证书上载明的土地面积为准

D. 尚未核发土地使用证书的，暂不需要缴纳城镇土地使用税，待核发后纳税

10. 根据城镇土地使用税法律制度的规定，下列关于城镇土地使用税纳税人的表述中，正确的有（　　）。

A. 土地使用权未确定或权属纠纷未解决的，由实际使用人纳税

B. 土地使用权共有的，共有各方均为纳税人，由共有各方分别纳税

C. 拥有土地使用权的纳税人不在土地所在地的，由代管人或实际使用人纳税

D. 城镇土地使用税由拥有土地使用权的单位或个人缴纳

11. 根据城镇土地使用税法律制度的规定，下列关于城镇土地使用税纳税义务发生时间的表述中，正确的有（　　）。

A. 纳税人购置新建商品房，自房屋交付使用次月起缴纳城镇土地使用税

B. 纳税人出租、出借房产，自交付出租、出借房产次月起，缴纳城镇土地使用税

C. 纳税人新征用的耕地，自批准征用次月起缴纳城镇土地使用税

D. 纳税人新征用的非耕地，自批准征用之日起满 1 年时开始缴纳城镇土地使用税

12. 根据耕地占用税法律制度的规定，下列各项中，免征耕地占用税的有（　　）。

A. 公立学校教学楼占用耕地　　B. 城区机动车道占用耕地

C. 军事设施占用耕地　　D. 医院内的职工住房占用耕地

13. 根据土地增值税法律制度的规定，下列有关房地产的各项行为中，应该缴纳土地增值税的有（　　）。

A. 工业企业将自建厂房作价投入某生产企业进行联营

B. 双方合作建房，建成后转让的

C. 被兼并企业将房地产转让到兼并企业中的

D. 以房抵债，发生房地产产权转让的

14. 房地产开发企业在计算土地增值税时，下列税金中，允许从收入总额中扣除的有（　　）。

A. 增值税　　B. 印花税　　C. 教育费附加　　D. 城建税

15. 根据土地增值税法律制度的规定，下列情形中，纳税人应当进行土地增值税清算的有（　　）。

A. 直接转让土地使用权的

B. 整体转让未竣工决算房地产开发项目的

C. 房地产开发项目全部竣工并完成销售的

D. 取得房地产销售（预售）许可证满 2 年尚未销售完毕的

三、判断题

1. 资源税的纳税义务人是在中华人民共和国领域及管辖海域开采应税资源的矿产品或者生产盐的单位和个人。（　　）

2. 纳税人在开采主矿产品的过程中伴采的其他应税矿产品，不需要缴纳资源税。（　　）

3. 对地面抽采煤层气暂不征收资源税。（　　）

4. 纳税人将其开采的原煤自用于连续生产洗选煤的，在原煤移送使用环节不缴纳资源税；自用于其他方面的，视同销售原煤。（　　）

5. 从量征收资源税时，纳税人开采或者生产应税资源用于销售的，以实际开采或生产数量为计税依据。（　　）

6. 纳税人销售应税产品采取预收货款结算方式的，其资源税的纳税义务发生时间为收到货款的当天。（　　）

7. 资源税纳税人以 1 个月为一期纳税的，自期满之日起 10 日内申报缴纳资源税。（　　）

8. 公园、名胜古迹内的索道公司经营用地，不需要缴纳城镇土地使用税。（　　）

9. 土地使用权未确定或权属纠纷未解决的，其实际使用人为城镇土地使用税的纳税人。（　　）

10. 企业内部绿化地带免交城镇土地使用税。（　　）

11. 城镇土地使用税按年计算、分期缴纳。（　　）

12. 耕地占用税以纳税人实际占用的耕地面积为计税依据，按照适用税额标准计算应纳税额，一次性缴纳。（　　）

13. 学校、幼儿园、养老院、医院占用耕地免征耕地占用税。（　　）

14. 未经批准占用耕地的，耕地占用税纳税义务发生时间为获得有关部门批准占用耕地的当天。（　　）

15. 出让国有土地使用权的行为也需要缴纳土地增值税。（　　）

16. 对以继承、赠与等方式无偿转让的房地产，不征收土地增值税。（　　）

17. 房产的产权、土地使用权在抵押期间并没有发生权属的变更，不征收土地增值税。待抵

押期满后，视该房地产是否发生转移占有来确定是否征收土地增值税。（　　）

18. 纳税人应当自转让房地产合同签订之日起 15 日内到房地产所在地主管税务机关办理土地增值税的纳税申报。（　　）

19. 取得销售（预售）许可证满三年仍未销售完毕的，主管税务机关可要求纳税人进行土地增值税清算。（　　）

20. 纳税人申报的土地增值税计税依据明显偏低又无正当理由的，可按核定征收方式对房地产项目进行清算。（　　）

四、不定项选择题

甲油田为增值税一般纳税人，主要从事石油开采和销售业务。2018 年 5 月，其有关经营情况如下。

（1）购进抽油泵配件一批，取得增值税专用发票，其上注明税额 32 000 元。

（2）购进油田过桥泵一台，取得增值税专用发票，其上注明税额 80 000 元。

（3）接受抽油泵设备维修劳务，取得增值税专用发票，其上注明税额 5 800 元。

（4）销售自产石油 2 000 吨，开采过程中加热使用自产原油 50 吨，基建工程领用自产原油 100 吨，向乙油田无偿赠送自产原油 10 吨，原油的不含增值税单价为 500 元。

已知：原油增值税税率为 16%，资源税适用的税率为 8%。

要求：根据上述资料，不考虑其他因素，分析回答下列问题。

1. 计算甲油田当月允许抵扣增值税进项税额的下列算式中，正确的是（　　）元。

A. 32 000+5 800=37 800　　B. 32 000+80 000+5 800=117 800

C. 80 000 +5 800=85 800　　D. 80 000+32 000=112 000

2. 甲油田发生的下列业务中，免征资源税的是（　　）。

A. 销售自产原煤 2 000 吨　　B. 开采过程中加热使用自产原油 50 吨

C. 基建工程领用自产原油 100 吨　　D. 向乙油田无偿赠送自产原油 10 吨

3. 甲油田发生的下列业务中，需征收增值税的是（　　）。

A. 销售自产原煤 2 000 吨　　B. 开采过程中加热使用自产原油 50 吨

C. 基建工程领用自产原油 100 吨　　D. 向乙油田无偿赠送自产原油 10 吨

4. 计算甲油田当月应缴纳资源税税额的下列算式中，正确的是（　　）元。

A.（2 000+50+10）×500×8%=82 400　　B.（2 000+50+100）×500×8%=86 000

C.（2 000+100+10）×500×8%=84 400　　D.（2 000+50+100+10）×500×8%=86 400

五、实训题

（一）

实训目的：学习资源税、增值税应纳税额的计算方法。

实训资料：某原煤生产企业为增值税一般纳税人，2018 年 5 月发生以下业务。

（1）购进井下挖煤机一台，获得的增值税专用发票上注明价款为 60 万元，增值税税额为 9.6 万元。

（2）购进低值易耗品，取得的增值税专用发票上注明增值税税额合计为 11.6 万元。

（3）开采原煤 10 000 吨。采取分期收款方式销售原煤 9 000 吨，每吨不含税单价为 500 元。

购销合同约定，本月应收取 1/3 的价款，但实际只收取不含税价款 120 万元。

（4）为职工宿舍供暖，使用本月开采的原煤 200 吨；另将本月开采的原煤 500 吨无偿赠送给某个有长期业务往来的客户。

（5）销售开采原煤过程中产生的天然气 125 000 立方米，取得不含税销售额 25 万元。

（6）月末盘点时，发现月初购进的 1/5 的低值易耗品因管理不善丢失。

已知：相关票据已在本月通过主管税务机关认证并申报抵扣；增值税月初留抵税额为 0；该煤矿所在地原煤的资源税税率为 8%，增值税税率为 16%；天然气的资源税税率为 6%，增值税税率为 10%。

实训要求：根据上述资料，计算该企业当月应缴纳的资源税和增值税。

（二）

实训目的：学习资源税应纳税额的计算方法。

实训资料：甲油田为增值税一般纳税人，主要从事原油的开采和销售，在开采原油过程中伴采天然气。2018 年 5 月，其发生下列业务。

（1）采用分期收款方式向乙企业（增值税一般纳税人）销售自行开采的原油 1 200 吨，不含税销售额为 600 000 元。合同规定，货款分两个月支付，本月支付货款的 70%，其余货款于 6 月 15 日前支付。由于购货方资金紧张，5 月实际支付给甲油田价税合计金额 389 760 元。

（2）采用预收货款方式向丙企业销售原油 1 000 吨，价税合计 580 000 元。根据合同规定，当月已预收货款 580 000 元，甲油田于 6 月 20 日发货并开具增值税专用发票。

（3）开采原油过程中加热、修井使用原油 300 吨。

（4）销售与原油同时开采的天然气 80 000 立方米，取得不含税销售额 34 500 元。

已知：该企业原油适用的资源税税率为 10%，适用的增值税税率为 16%，天然气的资源税税率为 6%，增值税税率为 10%。

实训要求：计算 2018 年 5 月甲油田应缴纳的资源税。

（三）

实训目的：学习城镇土地使用税应纳税额的计算方法。

实训资料：某城市的一家公司实际占地 23 000 平方米。由于经营规模扩大，年初该公司又受让了一块尚未办理土地使用证的土地，其面积为 3 000 平方米。公司按其当年开发使用的 2 000 平方米土地面积进行申报纳税。以上土地均适用每平方米 2 元的城镇土地使用税税额。

实训要求：计算该公司当年应缴纳的城镇土地使用税。

（四）

实训目的：学习土地增值税应纳税额的计算方法。

实训资料：2017 年，某房地产开发公司销售新建商品房一幢，取得销售收入 14 000 万元。已知该公司支付与商品房相关的土地使用权费用及开发成本合计为 4 800 万元；该公司没有按房地产项目计算分摊银行借款利息；该商品房所在地的省政府规定，计征土地增值税时，房地产开发费用扣除比例为 10%；销售商品房缴纳的增值税为 700 万元、其他税金及附加为 70 万元。

实训要求：计算该公司销售该商品房应缴纳的土地增值税。

项目八
财产税

学习指导

一、学习目标

- 掌握房产税的构成要素；
- 掌握车船税的构成要素；
- 掌握契税的构成要素；
- 了解房产税、车船税、契税的减免税优惠政策；
- 会正确计算房产税的应纳税额；
- 会正确计算车船税的应纳税额；
- 会正确计算契税的应纳税额。

二、重点

- 房产税应纳税额的计算；
- 车船税应纳税额的计算；
- 契税应纳税额的计算。

三、难点

- 房产税的计税依据，车船税的计税依据；
- 契税的征税范围。

四、主要知识

知识类	知识点	具体内容
房产税	征税范围	城市、县城、建制镇和工矿区的房产。独立于房屋之外的建筑物（如水塔、围墙、烟囱、菜窖、室外游泳池等）不属于房屋，不征房产税
	纳税义务人	房产税以在征税范围内的房屋产权所有人为纳税人，具体有以下几种情况。 ① 产权属国家所有的，由经营管理单位纳税；产权属集体和个人所有的，由集体和个人纳税； ② 产权出典的，由承典人纳税； ③ 产权所有人、承典人不在房屋所在地的，由房产代管人或者使用人纳税； ④ 产权未确定及租典纠纷未解决的，亦由房产代管人或者使用人纳税； ⑤ 纳税单位和个人无租使用房产管理部门、免税单位及纳税单位的房产的，应由使用人代为缴纳房产税
	税率	现行房产税采用的是比例税率：从价计征税率为 1.2%；从租计征税率为 12%；个人按市场价格出租的居民住房，税率为 4%
	减免税优惠	国家机关、人民团体、军队自用的房产免征房产税； 由国家财政部门拨付事业经费单位的房产免征房产税； 宗教寺庙、公园、名胜古迹自用的房产免征房产税； 个人所有非营业用的房产免征房产税； 经财政部批准的免税房产免征房产税
	应纳税额的计算	房产税的计税依据是房产的余值或房产的租金收入
		从价计征公式为 应纳税额=应税房产原值×（1−扣除比例）×1.2% 从租计征公式为 应纳税额=租金收入×12%（或 4%）
	纳税义务发生时间	纳税人将原有房产用于生产经营的，从生产经营之月起缴纳房产税； 纳税人自行新建房屋用于生产经营的，从建成之次月起缴纳房产税； 纳税人委托施工企业建设的房屋，从办理验收手续之次月起缴纳房产税； 纳税人购置新建商品房的，自房屋交付使用之次月起缴纳房产税； 纳税人购置存量房的，自办理房屋权属转移、变更登记手续，房地产权属登记机关签发房屋权属证书之次月起缴纳房产税； 纳税人出租、出借房产的，自交付出租、出借房产之次月起缴纳房产税； 房地产开发企业自用、出租、出借本企业建造的商品房的，自房屋使用或交付之次月起缴纳房产税； 纳税人因房产的实物或权利状态发生变化而依法终止房产税纳税义务的，其应纳税款的计算应截止到房产的实物或权利状态发生变化的当月月末
	纳税期限	房产税实行按年计算、分期缴纳的征收方法
	纳税地点	在房产所在地缴纳
车船税	征税范围	在中华人民共和国境内车船税法规定的应税车辆和船舶。车辆包括载客汽车（含电车）、载货汽车（含半挂牵引车、挂车）、三轮汽车、低速货车、摩托车、专用作业车和轮式专用机动车等，船舶包括机动船舶和非机动驳船

续表

知识类	知识点	具体内容
车船税	纳税义务人	在中华人民共和国境内税法规定的车辆、船舶（以下简称车船）的所有人或者管理人
	税目与税率	车船税的税目有 5 大类，包括乘用车、商用车、其他车辆、摩托车和船舶。车船税采用幅度定额税率
	减免税优惠	下列车船免征车船税。 ① 捕捞、养殖渔船； ② 军队、武警专用的车船； ③ 警用车船； ④ 依照我国有关法律和我国缔结或者参加的国际条约的规定应当予以免税的外国驻华使馆、领事馆和国际组织驻华机构及其有关人员的车船； ⑤ 对节约能源、使用新能源的车船减征或者免征车船税；对受严重自然灾害影响纳税困难以及有其他特殊原因确需减税、免税的，可以减征或者免征车船税； ⑥ 省、自治区、直辖市人民政府根据当地实际情况，可以对公共交通车船，农村居民拥有并主要在农村地区使用的摩托车、三轮汽车和低速载货汽车定期减征或者免征车船税
	应纳税额的计算	计税依据： 乘用车、商用客车和摩托车，以辆数为计税依据； 商用货车、专用作业车和轮式专用机械车，以整备质量吨位数为计税依据； 机动船舶、非机动驳船、拖船，以净吨位为计税依据； 游艇，以艇身长度为计税依据
		乘用车、商用客车和摩托车的计税公式为 应纳税额=计税单位数量×适用年基准税额 货车、专用作业车和轮式专用机械车的计税公式为 应纳税额=整备质量吨位数×适用年基准税额 船舶的计税公式为 应纳税额=净吨位数×适用年基准税额 拖船和非机动驳船的计税公式为 应纳税额=净吨位数×适用年基准税额×50% 游艇的计税公式为 应纳税额=艇身长度×适用年基准税额 购置的新车船，购置当年应纳税额自纳税义务发生的当月起按月计算，计算公式为 应纳税额=年基准应纳税额÷12×应纳税月份数
	纳税义务发生时间	车船管理部门核发的车船登记证书或者行驶证中记载日期的“当月”
	纳税期限	车船税按年申报缴纳
	纳税地点	车船税由地方税务机关负责征收； 跨省、自治区、直辖市使用的车船，纳税地点为车船的登记地
契税	征税范围	以在我国境内转移土地、房屋权属的行为为征税对象，包括国有土地使用权出让、土地使用权转让、房屋买卖、房屋赠与、房屋交换
	纳税义务人	在中华人民共和国境内转移土地、房屋权属的承受单位和个人
	税率	3%～5%的幅度比例税率

续表

<table>
<tr><th>知识类</th><th>知识点</th><th colspan="2">具体内容</th></tr>
<tr><td rowspan="6">契税</td><td>减免税优惠</td><td colspan="2">国家机关、事业单位、社会团体、军事单位承受土地、房屋用于办公、教学、医疗、科研和军事设施的，免征；
城镇职工按规定第一次购买公有住房的，免征；
因不可抗力灭失住房而重新购买住房的，酌情准予减征或者免征；
土地、房屋被县级以上人民政府征用、占用后，重新承受土地、房屋权属的，由省级人民政府确定是否减免；
纳税人承受荒山、荒沟、荒丘、荒滩土地使用权，并用于农、林、牧、渔生产的，免征；
经外交部确认，依照我国有关法律规定以及我国缔结或参加的双边和多边条约或协定，应当予以免税的外国驻华使馆、领事馆、联合国驻华机构及其外交代表、领事官员和其他外交人员承受土地、房屋权属的，免征</td></tr>
<tr><td rowspan="2">应纳税额的计算</td><td>计税依据</td><td>国有土地使用权出让、土地使用权出售、房屋买卖，以不含增值税的成交价格为计税依据；
土地使用权赠与、房屋赠与，由契税征收机关参照土地使用权出售、房屋买卖的市场价格核定；
土地使用权、房屋交换，以所交换的土地使用权、房屋的价格差额为计税依据；
以划拨方式取得土地使用权，经批准转让房地产时应补交的契税，以补交的土地使用权出让费用或土地收益为计税依据</td></tr>
<tr><td colspan="2">计算公式为
应纳税额=计税依据×税率</td></tr>
<tr><td>纳税义务发生时间</td><td colspan="2">纳税人签订土地、房屋权属转移合同的当天，或者纳税人取得其他具有土地、房屋权属转移合同性质凭证的当天</td></tr>
<tr><td>纳税期限</td><td colspan="2">纳税人应当自纳税义务发生之日起 10 日内，向土地、房屋所在地的契税征收机关办理纳税申报，并在契税征收机关核定的期限内缴纳税款</td></tr>
<tr><td>纳税地点</td><td colspan="2">纳税人发生契税纳税义务时，应向土地、房屋所在地的税收机关申报纳税</td></tr>
</table>

典型例题分析

一、单项选择题

1. 某公司 2016 年购进一处房产，2017 年 5 月 1 日用于投资联营（收取固定收入，不承担联营风险），投资期为 3 年，当年取得固定收入 160 万元。该房产原值 3 000 万元，当地政府规定的减除幅度为 30%，则该公司 2017 年应缴纳的房产税为（　　）万元。

A. 21.2　　B. 27.6　　C. 29.7　　D. 44.4

[答案] B

[解析] 5 月开始投资联营，收取的固定收入按租金收入从租计征房产税；1—4 月自用，按房产余值从价计征房产税。2017 年应缴纳的房产税=160×12%+3 000×（1-30%）×4/12×1.2%=27.6（万元）。

2. 甲公司 2017 年拥有机动船舶 10 艘，每艘净吨位为 150 吨；拥有非机动驳船 5 艘，每艘净吨位为 80 吨。已知机动船舶适用的年基准税额为每吨 3 元，则甲公司 2017 年应缴纳车船税税额

（　　）元。

A. 5 700　　B. 3 450　　C. 2 850　　D. 5 100

［答案］D

［解析］拖船、非机动驳船的车船税税额分别按机动船舶税额的 50%计算，甲公司 2017 年应纳车船税税额=10×150×3+5×80×3×50%=5 100（元）。

3. 2017 年 10 月，李某以 200 万元的价格（不含增值税）出售自有住房一套，购进价格为 250 万元（不含增值税）的住房一套。已知契税适用税率为 5%，则李某上述行为应缴纳契税（　　）万元。

A. 10　　B. 12.5　　C. 22.5　　D. 2.5

［答案］B

［解析］契税由房屋、土地权属的承受人缴纳。李某出售的住房应由受让方缴纳契税，李某作为转让方不必缴纳契税。李某购进住房应缴纳的契税=250×5%=12.5（万元）。

二、多项选择题

1. 根据房产税法律制度的规定，下列各项中，符合房产税纳税义务发生时间规定的有（　　）。

A. 纳税人购置的新建商品房，自房屋交付使用之次月起缴纳房产税

B. 纳税人委托施工企业建设的房屋，自建成之次月起缴纳房产税

C. 纳税人将原有房产用于生产经营的，自生产经营之次月起缴纳房产税

D. 纳税人购置存量房的，自房地产权属登记机关签发房屋权属证书之次月起缴纳房产税

［答案］AD

［解析］选项 B：纳税人委托施工企业建设的房屋，自办理验收手续之次月起缴纳房产税。选项 C：纳税人将原有房产用于生产经营的，自生产经营之月起缴纳房产税。

2. 根据车船税法律制度的规定，下列车船中，免征车船税的有（　　）。

A. 专项作业车　　B. 警用车船　　C. 非机动驳船　　D. 捕捞、养殖渔船

［答案］BD

［解析］车船税法规定，警用车船，捕捞、养殖渔船免征车船税。

3. 根据契税法律制度的规定，下列各项中，应当征收契税的有（　　）。

A. 以房产抵债　　B. 将房产赠与他人　　C. 将房产作为投资　　D. 将房产出租给他人

［答案］ABC

［解析］选项 A、B、C 中房产的产权均发生了转移，都属于契税的应税行为。

三、判断题

1. 宗教寺庙、公园、名胜古迹中附设的营业单位使用或出租的房产，免征房产税。（　　）

［答案］错误

［解析］宗教寺庙、公园、名胜古迹免征房产税，宗教寺庙、公园、名胜古迹中附设的营业单位使用或出租的房产照章征收房产税。

2. 非机动驳船虽不属于机动船，但属于车船税的征税范围。（　　）

［答案］正确

［解析］车船税的征税范围是在中华人民共和国境内车船税法规定的应税车辆和船舶。车辆包括载客汽车（含电车）、载货汽车（含半挂牵引车、挂车）、三轮汽车、低速货车、摩托车、专用作业车和轮式专用机动车等，船舶包括机动船舶和非机动驳船。

3. 甲公司将房产投资于乙公司，则甲公司是契税的纳税义务人。（　　）

［答案］错误

［解析］契税的纳税义务人是产权的承受人，所以乙公司是契税的纳税义务人。

职业能力训练

一、单项选择题

1. 下列各项中，符合房产税纳税人规定的是（　　）。

A. 房屋出典的由出典人纳税

B. 房屋出租的由承租人纳税

C. 房屋产权未确定的由代管人或使用人纳税

D. 个人无租使用纳税单位房产的，由纳税单位缴纳房产税

2. 以下属于房产税征税范围，应缴纳房产税的是（　　）。

A. 某市的露天游泳池　　B. 工矿区内的砖瓦石灰窑

C. 建制镇内的房屋　　D. 房地产开发企业开发的待售商品房

3. 某企业 2017 年度自有生产用房原值 5 000 万元，账面已提折旧 2 000 万元，重新评估价值为 6 000 万元。已知房产税税率为 1.2%，当地政府规定计算房产余值的扣除比例为 30%，则该企业 2017 年度应缴纳房产税（　　）万元。

A. 19.2　　B. 25.2　　C. 42　　D. 84

4. 某供热企业 2017 年度拥有的生产用房原值为 3 000 万元，当年取得供热收入 2 000 万元，其中直接向居民供热的收入为 500 万元，房产所在地规定计算房产余值的扣除比例为 20%，则该企业 2017 年度应缴纳房产税（　　）万元。

A. 7.2　　B. 21.6　　C. 27　　D. 28.8

5. 某企业 2017 年拥有的固定资产原值为 3 000 万元。其中，房产原值为 2 000 万元，已提折旧 400 万元；机器设备原值为 1 000 万元，已提折旧 240 万元。已知当地政府规定，计算房产余值的扣除比例为 30%，则该企业 2017 年度应缴纳房产税（　　）万元。

A. 16.8　　B. 168　　C. 24　　D. 240

6. 某公司的办公大楼原值为 30 000 万元，2017 年 2 月 28 日将其中部分闲置房间出租，租期 2 年。出租部分房产原值为 5 000 万元，租金每年 1 000 万元。当地规定，房产税原值减除比例为 20%，则 2017 年该公司应缴纳房产税（　　）万元。

A. 288　　B. 340　　C. 348　　D. 360

7. 赵某拥有两处房产，一处原值 60 万元的房产供自己和家人居住；另一处原值 20 万元的房产于 2017 年 7 月 1 日出租给王某居住，按市场价每月取得租金收入 4 800 元。赵某当年应缴纳的房产税为（　　）元。

A. 1 152　　B. 2 304　　C. 3 360　　D. 3 456

8. 房产不在同一地区的纳税人，应（　　）的税务机关缴纳房产税。

A. 向户口所在地

B. 向纳税人居住的房产所在地

C. 按房产的坐落地点，分别向房产所在地

D. 按房产的坐落地点，选择向任意一处房产所在地

9. 根据车船税法律制度的规定，下列各项中，属于载货汽车计税依据的是（　　）。

A. 排气量　　B. 整备质量吨位　　C. 净吨位　　D. 购置价格

10. 根据契税法律制度的规定，下列各项中，应缴纳契税的是（　　）。

A. 承包者获得农村集体土地承包经营权　　B. 企业受让土地使用权

C. 企业将厂房抵押给银行　　D. 个人承租居民住宅

11. 下列选项中，属于契税纳税义务人的是（　　）。

A. 土地、房屋抵债的抵债方　　B. 房屋赠与中的受赠方

C. 房屋赠与中的赠与方　　D. 土地、房屋投资的投资方

12. 下列各项中，契税计税依据可由征收机关核定的是（　　）。

A. 土地使用权出售　　B. 国有土地使用权出让

C. 土地使用权赠与　　D. 以划拨方式取得土地使用权

13. 林某有面积为140平方米的住宅一套，价值96万元。黄某有面积为120平方米的住宅一套，价值72万元。两人进行房屋交换，差价部分黄某以现金补偿林某。已知契税适用税率为3%，则黄某应缴纳的契税税额为（　　）万元。

A. 4.8　　B. 2.88　　C. 2.16　　D. 0.72

14. 居民乙因拖欠居民甲180万元款项无力偿还，2017年6月，经当地有关部门调解，以房产抵偿该笔债务，居民甲因此取得该房产的产权并支付给居民乙差价款20万元。假定当地省政府规定的契税税率为5%，则下列表述中正确的是（　　）。

A. 居民甲应缴纳契税1万元　　B. 居民乙应缴纳契税1万元

C. 居民甲应缴纳契税10万元　　D. 居民乙应缴纳契税10万元

二、多项选择题

1. 根据房产税法律制度的规定，下列各项中，应依照房产余值缴纳房产税的有（　　）。

A. 融资租赁的房产

B. 产权出典的房产

C. 无租使用其他单位的房产

D. 用于自营的居民住宅区内业主共有的经营性房产

2. 根据房产税法律制度的规定，下列各项中，符合房产税纳税义务发生时间规定的有（　　）。

A. 纳税人将原有房产用于生产经营的，从生产经营之次月起缴纳房产税

B. 纳税人自行新建房屋用于生产经营的，从建成之次月起缴纳房产税

C. 纳税人委托施工企业建设的房屋，从办理验收手续之月起缴纳房产税

D. 纳税人购置的新建商品房，自房屋交付使用之次月起缴纳房产税

3. 根据车船税法律制度的规定，下列车辆中，应当缴纳车船税的有（　　）。

A. 大轿车　B. 挂车　C. 摩托车　D. 外籍船舶

4. 根据车船税法律制度的规定，下列车船中，免征车船税的有（　　）。

A. 自行车　B. 政府机关车辆

C. 在农业机械部门登记的拖拉机　D. 专项作业车

5. 根据车船税法律制度的规定，下列纳税主体中，属于车船税纳税人的有（　　）。

A. 在我国境内拥有并使用船舶的国有企业

B. 在我国境内拥有并使用车辆的外籍个人

C. 在我国境内拥有并使用船舶的内地居民

D. 在我国境内拥有并使用车辆的外国企业

6. 根据车船税法律制度的规定，下列项目中，以“辆”为计税依据计算车船税的有（　　）。

A. 船舶　B. 摩托车　C. 客车　D. 货车

7. 张某于2016年以每套80万元的价格购入两套高档公寓作为投资。2017年，张某将其中一套公寓以100万元的价格转让给谢某，从中获利20万元。根据我国税收法律制度的规定，张某出售公寓的行为应缴纳（　　）。

A. 个人所得税　B. 增值税　C. 契税　D. 土地增值税

8. 根据契税法律制度的规定，下列各项中，属于契税征税对象的有（　　）。

A. 房屋买卖　B. 国有土地使用权出让

C. 房屋赠与　D. 农村集体土地承包经营权转移

9. 根据契税法律制度的规定，下列各项中，以成交价格为依据计算契税的有（　　）。

A. 土地使用权赠与　B. 土地使用权出让　C. 土地使用权交换　D. 土地使用权转让

10. 居民甲将其拥有的一处房产转让给居民乙，双方签订了房屋权属转移合同并按规定办理了房屋产权过户手续。下列关于契税的表述中，正确的有（　　）。

A. 作为交易的双方，居民甲和居民乙均负有契税的纳税义务

B. 契税的计税依据为房屋权属转移合同中确定的房产成交价格

C. 契税纳税人应在该房产所在地缴纳契税

D. 契税纳税人的纳税义务发生时间为签订房屋权属转移合同的当天

三、判断题

1. 房产税的征税范围为在城市、县城、建制镇、工矿区和农村的房产。（　　）

2. 李某将个人拥有产权的房屋出典给张某，则张某为该房屋房产税的纳税人。（　　）

3. 房地产开发企业建造的商品房，在出售前如果未出租出借，则不征收房产税。（　　）

4. 对企业内部职工医院、托儿所、幼儿园免征房产税。（　　）

5. 房产税从价计征时，计税依据是房产的原值。（　　）

6. 纳税人委托施工企业建造的房屋，从建成之次月起缴纳房产税。（　　）

7. 依法不需要在车船管理部门登记、在单位内部场所行驶或者作业的机动车辆和船舶不需要

缴纳车船税。 （ ）

8. 从事机动车交通事故责任强制保险业务的保险机构为机动车车船税的扣缴义务人。 （ ）

9. 纳税人购置的游艇以购置价格为计税依据计征车船税。 （ ）

10. 跨省、自治区、直辖市使用的车船，纳税地点为车船的行驶地。 （ ）

11. 境内承受转移土地、房屋权属的单位和个人为契税的纳税人，但不包括外商投资企业和外国企业。 （ ）

12. 对土地、房屋权属未发生转移的，不征收契税。 （ ）

13. 以获奖方式承受房屋权属的，视同房屋赠与征收契税。 （ ）

14. 契税的纳税义务发生时间为纳税人签订土地、房屋权属转移合同的当天，或者纳税人取得其他具有土地、房屋权属转移合同性质凭证的当天。 （ ）

15. 纳税人应当自纳税义务发生之日起 15 日内，向土地、房屋所在地的契税征收机关进行纳税申报。 （ ）

四、实训题

（一）

实训目的：学习房产税应纳税额的计算方法。

实训资料：李某自有一处平房，共 10 间，其中 4 间用于个人开餐馆，房屋原值为 60 万元。2017 年 1 月 1 日，李某将其余 6 间中的 4 间出典给王某，取得出典价款收入 30 万元，将剩余的 2 间出租给某公司，每月收取租金 2 万元。

已知：该地区规定按照房产原值一次扣除 20%后的余值计税；房产税从价计征适用的税率为 1.2%，从租计征适用的税率为 12%。

实训要求：计算李某 2017 年应缴纳的房产税。

（二）

实训目的：学习车船税应纳税额的计算方法。

实训资料：2017 年，甲公司拥有 3 辆载客汽车、4 辆载货汽车，载货汽车的整备质量分别为 3 吨、4 吨、2.5 吨和 2 吨。

已知：当地车船税的年税额为载客汽车每辆 480 元，载货汽车整备质量每吨 50 元。

实训要求：计算甲公司 2017 年应缴纳的车船税。

（三）

实训目的：学习契税应纳税额的计算方法。

实训资料：2017 年，王某获得单位奖励房屋一套。王某得到该房屋后将其与李某拥有的一套房屋进行交换。房地产评估机构评估奖励给王某的房屋价值 80 万元，李某的房屋价值 95 万元。协商后，王某实际向李某支付房屋交换价格差额款 15 万元。税务机关核定奖励给王某的房屋价值 78 万元。

已知：当地规定的契税税率为 3%。

实训要求：计算王某 2017 年应缴纳的契税。

项目九
行为目的税

学习指导

一、学习目标

掌握城市维护建设税和教育费附加的构成要素；

掌握印花税的构成要素；

掌握车辆购置税的构成要素；

了解城市维护建设税、教育费附加、印花税和车辆购置税的税收减免优惠政策；

会正确计算城市维护建设税和教育费附加的应纳税额；

会正确计算印花税的应纳税额；

会正确计算车辆购置税的应纳税额。

二、重点

印花税应纳税额的计算；

车辆购置税应纳税额的计算。

三、难点

印花税的计税依据；

车辆购置税的计税依据。

四、主要知识

知识类	知识点	具体内容	
城市维护建设税及教育费附加	征税对象		以纳税人实际缴纳的增值税、消费税税额为计税依据，附加于增值税、消费税税额。城市维护建设税和教育费附加本身并没有特定的、独立的征税对象
	纳税义务人		负有缴纳增值税、消费税义务的单位和个人
	税率		城市维护建设税实行地区差别比例税率：市区税率为7%，县城或镇的税率为5%，不在市区、县城或者镇的税率为1%。教育费附加的征收率为3%
	减免税优惠		对海关代征的进口货物增值税、消费税，不征收城市维护建设税和教育费附加； 对于因减免增值税、消费税而发生的退税，同时退还已缴纳的城市维护建设税和教育费附加。对出口产品退还的增值税、消费税，不退还已缴纳的城市维护建设税和教育费附加； 对增值税、消费税实行先征后返、先征后退、即征即退办法的，除另有规定外，对随增值税、消费税附征的城市维护建设税和教育费附加，一律不予退（返）还
	应纳税额的计算	计税依据	以纳税人实缴的消费税、增值税税额为计税依据。因纳税人违反有关税法的规定，相关部门对增值税、消费税加收的滞纳金和罚款不作为城市维护建设税和教育费附加的计税依据，但在纳税人被查补增值税、消费税和被处以罚款时，相关部门应同时对其偷漏的城市维护建设税和教育费附加进行补税、征收滞纳金和罚款
			计算公式为 应纳税额=实际缴纳的增值税、消费税×适用税率
	纳税义务发生时间		同纳税人缴纳增值税、消费税的时间
	纳税期限		纳税期限分别与增值税、消费税的纳税期限一致，在缴税入库的时间上不一定完全一致
	纳税地点		同纳税人缴纳增值税、消费税的地点
印花税	征税范围		经济合同、产权转移书据、营业账簿、权利许可证照和经财政部门确认的其他凭证
	纳税义务人		立合同人、立账簿人、立据人、领受人、使用人、各类电子应税凭证的签订人
	税率		比例税率和定额税率两种形式
	减免税优惠		法定凭证免税； 免税额； 特定凭证免税
	应纳税额的计算	计税依据	购销合同：合同记载的购销金额。 加工承揽合同：加工或承揽收入。 建设工程勘察设计合同：收取的费用。 建筑安装工程承包合同：承包金额。 财产租赁合同：租赁金额。 货物运输合同：运输费用，但不包括装卸费用和保险费。 仓储保管合同：保管费。 借款合同：借款金额。 财产保险合同：支付（收取）的保险费。 技术合同：价款、报酬和使用费。 营业账簿中记载资金的账簿：以“实收资本”和“资本公积”两项的合计金额为计税依据。 权利许可证照：以件数作为计税依据

续表

<table>
<tr><th>知识类</th><th>知识点</th><th colspan="2">具体内容</th></tr>
<tr><td rowspan="4">印花税</td><td>应纳税额的计算</td><td colspan="2">计算公式为
应纳税额=应税凭证计税金额（或计税件数）×适用税率（额）</td></tr>
<tr><td>纳税义务发生时间</td><td colspan="2">印花税应当在书立或领受时贴花。如果合同是在国外签订的，并且不便在国外贴花，应在将合同带入境时办理贴花纳税手续</td></tr>
<tr><td>纳税地点</td><td colspan="2">一般实行就地纳税</td></tr>
<tr><td>纳税方法</td><td colspan="2">自行贴花办法、汇贴和汇缴办法及委托代征办法</td></tr>
<tr><td rowspan="9">车辆购置税</td><td>征税范围</td><td colspan="2">汽车、摩托车、电车、挂车、农用运输车</td></tr>
<tr><td>纳税义务人</td><td colspan="2">在中华人民共和国境内购置《中华人民共和国车辆购置税暂行条例》规定的车辆的单位和个人，为车辆购置税的纳税人</td></tr>
<tr><td>税率</td><td colspan="2">采用10%的比例税率</td></tr>
<tr><td>减免税优惠</td><td colspan="2">外国驻华使馆、领事馆和国际组织驻华机构及其外交人员自用的车辆，免税；
中国人民解放军和中国人民武装警察部队列入军队武器装备订货计划的车辆，免税；
设有固定装置的非运输车辆，免税；
有国务院规定予以免税或者减税的其他情形的，按照规定免税或者减税</td></tr>
<tr><td rowspan="2">应纳税额的计算</td><td>计税依据</td><td>纳税人购买的用于自用的应税车辆的计税价格，为纳税人购买应税车辆而支付给销售者的全部价款和价外费用，不包括增值税税款；
纳税人进口自用的应税车辆计税价格的计算公式为
计税价格=关税完税价格+关税+消费税
纳税人自产、受赠、获奖或者以其他方式取得并自用的应税车辆的计税价格，由主管税务机关参照国家税务总局规定的最低计税价格核定；
纳税人购买自用或者进口自用的应税车辆，申报的计税价格低于同类型应税车辆的最低计税价格又无正当理由的，按照最低计税价格征收车辆购置税</td></tr>
<tr><td colspan="2">计算公式为
应纳税额=计税价格×税率</td></tr>
<tr><td>纳税义务发生时间</td><td colspan="2">实行一次征收制度。购置已征车辆购置税的车辆，不再征收车辆购置税。纳税人应当在向公安机关车辆管理机构办理车辆登记注册前，缴纳车辆购置税</td></tr>
<tr><td>纳税期限</td><td colspan="2">纳税人购买自用应税车辆的，应当自购买之日起60日内申报纳税；购买进口自用应税车辆的，应当自进口之日起60日内申报纳税；自产、受赠、获奖或者以其他方式取得并自用应税车辆的，应当自取得之日起60日内申报纳税</td></tr>
<tr><td>纳税地点</td><td colspan="2">纳税人购置应税车辆的，应当向车辆登记注册地的主管税务机关申报纳税；购置不需要办理车辆登记注册手续应税车辆的，应当向纳税人所在地的主管税务机关申报纳税</td></tr>
</table>

典型例题分析

一、单项选择题

1. 位于某市的甲地板厂为外商投资企业，2018 年 5 月购进一批木材，取得增值税专用发票，其上注明不含税价格 800 000 元。当月委托位于某县城的乙工厂加工成实木地板，支付不含税加工费 150 000 元。乙工厂 2018 年 6 月交付实本地板。已知实木地板适用的消费税税率为 5%，则乙工厂于 2018 年 6 月应代收代缴城市维护建设税（　　）元。

A. 1 250　　B. 1 750　　C. 2 500　　D. 3 500

［答案］C

［解析］外商投资企业也属于城市维护建设税的纳税义务人，乙工厂作为受托方，位于县城，适用的城市维护建设税税率为 5%，故乙工厂应代收代缴城市维护建设税=（800 000+150 000）÷（1−5%）×5%×5%=2 500（元）。

2. 某建筑公司与甲企业签订了一份建筑承包合同，合同金额 6 000 万元。施工期间，该建筑公司将其中价值 800 万元的安装工程分包给乙企业，并签订了分包合同。已知建筑承包合同适用的税率为 0.3‰，则该建筑公司上述合同应缴纳印花税（　　）万元。

A. 2.04　　B. 1.80　　C. 2.03　　D. 1.79

［答案］A

［解析］该建筑公司应缴纳的印花税税额=（6 000+800）×0.3‰=2.04（万元）。

3. 某公司 2018 年 5 月从国内购进 2 辆排气量为 2.0L 的轿车自用，轿车的不含税单价 120 000 元，国家税务总局核定同类型车辆的最低计税价格为 110 000 元，则该公司应纳车辆购置税（　　）元。

A. 12 000　　B. 24 000　　C. 11 000　　D. 22 000

［答案］B

［解析］纳税人购买自用或者进口自用应税车辆时，如果计税价格低于最低计税价格，则按最低计税价格计算应纳税额；如果计税价格高于最低计税价格，则按发票上的实际价格计算应纳税额。甲企业应纳车辆购置税=2×120 000×10%=24 000（元）。

二、多项选择题

1. 根据城市维护建设税法律制度的规定，下列各项中，符合城市维护建设税计税依据的有（　　）。

A. 偷逃消费税而被查补的税款　　B. 偷逃消费税而加收的滞纳金

C. 出口货物免抵的增值税税额　　D. 出口产品征收的消费税税额

［答案］ACD

［解析］对增值税、消费税加收的滞纳金和罚款不作为城市维护建设税和教育费附加的计税依据。

2. 根据印花税法律制度的规定，下列合同中，应按“产权转移书据”税目征收印花税的有（　　）。

A. 商品房销售合同　　B. 土地使用权转让合同

C. 专利申请权转让合同　　D. 土地使用权出让合同

［答案］ABD

［解析］选项 C，按技术转让合同计缴印花税。

3. 某汽车贸易公司 2018 年 5 月进口 13 辆小轿车，海关审定的关税完税价格为 20 万元/辆。当月销售 9 辆，取得含税销售收入 240 万元；2 辆企业自用；2 辆用于抵偿债务，合同约定的含税价格为 30 万元。该公司应纳车辆购置税（　　）万元（小轿车适用的关税税率为 20%，消费税税率为 9%）。

A. 5.27　　B. 5.00　　C. 7.50　　D. 29.1

［答案］A

［解析］进口自用的小汽车缴纳车辆购置税，用于销售和抵偿债务的不缴纳车辆购置税。该公司应纳车辆购置税=2×（20+20×20%）÷（1-9%）×10%=5.27（万元）。

三、实训题

实训目的：学习车辆购置税应纳税额的计算方法。

实训资料：李某于 2018 年 5 月从某汽车有限公司购买一辆小汽车自用，支付了含增值税税款在内的款项 232 000 元，另支付代收临时牌照费 500 元、代收保险费 2 000 元、工具件和零配件价款 3 000 元、车辆装饰费 2 300 元。所支付的款项该汽车有限公司均已开具“机动车销售统一发票”和有关票据。

实训要求：计算李某应纳的车辆购置税。

［解析］

（1）计税依据=（232 000+500+2 000+3 000+2 300）÷（1+16%）=206 724.14（元）。

（2）应纳税额=206 724.14×10%=20 672.41（元）。

职业能力训练

一、单项选择题

1. 某市进出口公司为增值税一般纳税人，2018 年 5 月进口小汽车（适用的消费税税率为 5%）一批，关税完税价格为 120 万元，已纳关税 70 万元；进口后当月在国内全部销售，取得销售收入 300 万元（不含增值税）。该公司应该缴纳城市维护建设税（　　）万元。

A. 1.12　　B. 3.57　　C. 0　　D. 1.89

2. 对于流动经营的单位，在经营地缴纳“两税”的，其教育费附加应在（　　）缴纳。

A. 经营地按当地适用税率计算　　B. 机构所在地按当地适用税率计算

C. 经营地按机构所在地的适用税率计算　　D. 机构所在地按经营地的适用税率计算

3. 根据城市维护建设税法律制度的规定，下列各项中，符合城市维护建设税纳税地点规定的是（　　）。

A. 取得输油收入的管道局，为管道局所在地

B. 流动经营无固定地点的单位，为单位注册地

C. 流动经营无固定地点的个人，为居住所在地

D. 代征代扣“两税”的单位和个人，为被代征人所在地

4. 根据城市维护建设税法律制度的规定，下列关于城市维护建设税和教育费附加减免规定的表述中，正确的是（　　）。

A. 海关对进口的产品征收增值税、消费税，同时征收城市维护建设税和教育费附加

B. 对“两税”实行先征后返、先征后退、即征即退办法的，除另有规定外，对随同“两税”附征的城市维护建设税，一律不予退（返）还

C. 对出口产品退还增值税、消费税的，可以同时退还已征的教育费附加

D. 城市维护建设税原则上可以单独减免

5. 根据城市维护建设税法律制度的规定，以下各项中，可以作为计算城市维护建设税依据的是（　　）。

A. 滞纳金　　B. 补缴的消费税税款
C. 因漏缴增值税而交纳的罚款　　D. 进口货物缴纳的增值税税款

6. 根据城市维护建设税法律制度的规定，目前我国城市维护建设税税率实行的是（　　）的方法。

A. 纳税人所属行业差别比例税率　　B. 纳税人所在地差别比例税率
C. 纳税人所属行业累进税率　　D. 纳税人所在地统一累进税率

7. 位于市区的某内资生产企业为增值税一般纳税人，经营内销与出口业务。2018 年 5 月，其实际缴纳增值税 40 万元，出口货物免抵税额 10 万元。另外，进口货物缴纳增值税 16 万元、消费税 30 万元。该企业 2018 年 5 月应缴纳的城市维护建设税为（　　）。

A. 2.8 万元　　B. 3.5 万元　　C. 3.92 万元　　D. 6.02 万元

8. 根据印花税法律制度的规定，下列关于计税依据的表述中，正确的是（　　）。

A. 对采用易货方式进行商品交易签订的合同，应以易货差价为计税依据
B. 货物运输合同的计税依据是运输费用总额，包括装卸费用和保险费
C. 建筑安装工程承包合同的计税依据是承包总额
D. 对于由委托方提供辅助材料的加工合同，无论加工费和辅助材料金额是否分开记载，均以其合计数为计税依据

9. 根据印花税法律制度的规定，下列各项中，不属于印花税征税项目的是（　　）。

A. 产品加工合同　　B. 法律咨询合同　　C. 技术开发合同　　D. 出版印刷合同

10. 根据印花税法律制度的规定，下列各项中，属于印花税纳税人的是（　　）。

A. 合同的双方当事人　　B. 合同的担保人
C. 合同的代理人　　D. 合同的鉴定人

11. 甲企业受托为乙企业加工一批产品，加工合同记载原材料金额 60 万元由乙企业提供，再向乙企业收取加工费 10 万元。已知加工承揽合同适用的印花税税率为 0.5‰，则该项业务中甲企业应缴纳印花税（　　）元。

A. 50　　B. 100　　C. 300　　D. 500

12. 根据印花税法律制度的规定，下列各项中，属于印花税免税范围的是（　　）。

A. 无息贷款合同　　B. 借款合同　　C. 技术咨询合同　　D. 工商营业执照

13. 根据印花税法律制度的规定，下列各项中，属于营业账簿中用于记载资金状况的账簿计税依据的是（　　）。

A. “实收资本”和“资本公积”账户差额
B. “实收资本”和“资本公积”账户合计金额
C. “实收资本”和“盈余公积”账户合计金额
D. “实收资本”和“分配利润”账户合计金额

14. 依据车辆购置税的有关规定，下列车辆中，可以享受法定减免的是（　　）。

A. 国家机关购买的小汽车　　B. 留学人员购买的小汽车

C. 有突出贡献的专家购买的小汽车　　D. 国际组织驻华机构购买的自用小汽车

15. 某汽车制造厂将 10 辆自产轿车投资于某汽车租赁公司，将 3 辆自产轿车转作本企业固定资产，将 4 辆自产轿车奖励给对企业发展有突出贡献的员工。该汽车制造厂应纳车辆购置税的计税依据为（　　）。

A. 投资作价　　B. 轿车售价

C. 核定的最低计税价格　　D. 核定的最高计税价格

二、多项选择题

1. 根据教育费附加法律制度的规定，下列关于教育费附加的表述中，正确的有（　　）。

A. 教育费附加的征收比率按照地区差别设定

B. 对从海关进口的产品征收增值税、消费税，但不征收教育费附加

C. 出口产品退还增值税、消费税的，同时退还已征收的教育费附加

D. 外商投资企业和外国企业也要缴纳教育费附加

2. 某汽车生产企业生产销售小汽车，取得的销售收入应纳（　　）。

A. 增值税　　B. 消费税　　C. 城市维护建设税　　D. 教育费附加

3. 某县城的一家食品加工企业为增值税小规模纳税人，8 月购进货物取得普通发票，其上所列金额合计为 40 000 元，销售货物开具普通发票的销售额合计 60 000 元，出租设备取得收入 5 000 元。本月应分别缴纳（　　）。

A. 城市维护建设税 94.66 元　　B. 城市维护建设税 36.41 元

C. 教育费附加 56.80 元　　D. 教育费附加 21.85 元

4. 根据城市维护建设税法律制度的规定，下列各项中，属于城市维护建设税计税依据的有（　　）。

A. 偷逃增值税而被查补的税款　　B. 偷逃消费税而加收的滞纳金

C. 出口货物免抵的增值税税额　　D. 出口产品征收的消费税税额和关税税额

5. 根据城市维护建设税法律制度的规定，下列各项中，属于城市维护建设税纳税义务人的有（　　）。

A. 国有企业　　B. 集体企业　　C. 私营企业　　D. 外商投资企业

6. 根据城市维护建设税法律制度的规定，下列各项中，符合城市维护建设税征收管理规定的有（　　）。

A. 海关对进口产品代征增值税时，应同时代征城市维护建设税

B. 对增值税实行先征后返的，应同时返还附征的城市维护建设税

C. 对出口产品退还增值税的，不退还已经缴纳的城市维护建设税

D. 纳税人延迟缴纳增值税而加收的滞纳金，不作为城市维护建设税的计税依据

7. 根据印花税法律制度的规定，下列各项中，应当征收印花税的有（　　）。

A. 分包合同　　B. 会计咨询合同

C. 财政贴息贷款合同　　D. 未列明金额的购销合同

8. 根据印花税法律制度的规定，下列各项中，属于印花税纳税人的有（　　）。

A. 立合同人　　B. 立据人　　C. 立账簿人　　D. 领受人

9. 根据印花税法律制度的规定，下列各项中，适用印花税比例税率的有（　　）。
A. 借款合同　　B. 产权转移书据　　C. 资金账簿　　D. 专利证

10. 根据印花税法律制度的规定，下列各项中，符合印花税相关规定的有（　　）。
A. 货物运输合同的计税依据为运输费用
B. 财产租赁合同的计税依据为租赁金额
C. 仓储保管合同的计税依据为所保管货物的金额
D. 建设工程勘察设计合同的计税依据为收取的费用

11. 根据印花税法律制度的规定，印花税的自行贴花纳税主要是指（　　）。
A. 纳税人自行计算应纳税额　　B. 自行购买印花税票
C. 自行贴花　　D. 自行在每张税票的骑缝处盖戳注销或划销

12. 根据印花税法律制度的规定，下列关于印花税税率的表述中，正确的有（　　）。
A. 印花税税率有比例税率和定额税率两种形式
B. 印花税的税率设计遵循税负从轻、共同负担的原则
C. 印花税的比例税率分为四档
D. 印花税中“权利、许可证照”适用定额税率

13. 根据印花税法律制度的规定，下列关于应税凭证计税依据的表述中，正确的有（　　）。
A. 购买股权转让书据，为书立当日证券市场成交价格
B. 货物运输合同为运输、保险、装卸等各项费用合计
C. 融资租赁合同为租赁费
D. 建筑业总包、分包合同分别为总包额、分包额

14. 根据车辆购置税法律制度的规定，下列各项中，属于车辆购置税征税范围的有（　　）。
A. 汽车　　B. 摩托车　　C. 火车　　D. 农用运输车

15. 某机关单位 2018 年 5 月购车一辆，支付的下列款项中，应并入计税依据征收车辆购置税的有（　　）。
A. 控购费　　B. 增值税税款　　C. 零部件价款　　D. 车辆装饰费

16. 根据车辆购置税法律制度的规定，下列各项中，属于车辆购置税应税行为的有（　　）。
A. 自产使用行为　　B. 进口使用行为　　C. 受赠使用行为　　D. 获奖使用行为

三、判断题

1. 外商投资企业、外国企业和外籍个人不属于城市维护建设税和教育费附加的纳税义务人。（　　）

2. 由受托方代扣代缴、代收代缴增值税、消费税的单位和个人，其代扣代缴、代收代缴的城市维护建设税按受托方所在地适用的税率缴纳。（　　）

3. 对海关代征的进口货物增值税、消费税，征收城市维护建设税，不征收教育费附加。（　　）

4. 因纳税人违反有关税法的规定，相关部门对增值税、消费税加收的滞纳金和罚款不作为城市维护建设税的计税依据。（　　）

5. 营业账簿中记载资金的账簿，适用印花税定额税率。（　　）

6. 对国家指定的收购部门与村委会、农民个人书立的农副产品收购合同，免征印花税。（　　）

7. 借款合同以借款金额为印花税计税依据。（　　）

8. 车辆购置税税率的调整，由国家税务总局决定并公布。（　　）

9. 购置设有固定装置的非运输车辆，免征车辆购置税。（　　）

10. 购置已征车辆购置税的车辆，不再征收车辆购置税。（　　）

四、实训题

（一）

实训目的：学习城市维护建设税应纳税额的计算方法。

实训资料：甲酒厂是增值税一般纳税人，适用的增值税税率为16%。2018年5月，其购进原材料一批，取得的增值税专用发票上注明的税款为32 000元，材料已验收入库；购进设备一台，增值税专用发票上注明的税款为16 000元；销售5吨粮食白酒，取得不含税收入20 000元；销售啤酒100吨，每吨不含税的出厂价格为2 500元。

已知：白酒适用的消费税比例税率为20%，定额税率为1元/千克；啤酒适用的消费税税率为220元/吨。城市维护建设税税率为7%。

实训要求：根据上述资料按顺序完成下列计算。

（1）计算甲酒厂本月应纳的增值税税额。

（2）计算甲酒厂本月应纳的消费税税额。

（3）计算甲酒厂本月应纳的城市维护建设税税额。

（二）

实训目的：学习印花税应纳税额的计算方法。

实训资料：甲企业2017年3月开业，领受房屋产权证、工商营业执照、土地使用证各1件；与其他企业订立转移专用技术使用权书据1件，所载金额200万元；订立借款合同1份，所载金额400万元；订立产品购销合同2份，所载金额260万元；企业的营业账簿中，“实收资本”“资本公积”账户记载的资金为1 000万元。

已知：借款合同适用的印花税税率为0.05‰，购销合同适用的印花税税率为0.3‰，产权转移书据、营业账簿税目中记载资金的账簿适用的印花税税率为0.5‰，定额税率为5元/件。

实训要求：计算甲企业2018年6月应纳的印花税税额。

（三）

实训目的：学习车辆购置税应纳税额的计算方法。

实训资料：甲企业购进2辆小轿车（非新能源车辆）自用。其中，一辆是未上牌照的新车，不含增值税成交价为100 000元，经核定，同类型车辆的最低计税价格为120 000元/辆；另一辆是已使用5年的旧车（取得原已征车辆购置税完税凭证），不含税成交价为50 000元，同类型新车的最低计税价格为150 000元/辆。

已知：车辆购置税税率为10%。

实训要求：计算甲企业应缴纳的车辆购置税税额。

www.ingramcontent.com/pod-product-compliance
Lightning Source LLC
LaVergne TN
LVHW082233051026
849532LV00012B/3964
* 9 7 8 7 1 1 5 4 8 6 4 7 9 *